Masse noire

Lucie Colin & Cyrille Colin

Masse noire

ISBN : 979-10-422-0653-6

Préface

Masse noire est la juxtaposition de deux récits, le premier écrit par une jeune interne en pédiatrie, confrontée brutalement à l'annonce de la découverte d'une maladie grave, le second par son père, professeur de médecine. Ces deux récits racontent une seule histoire aux multiples facettes. Chacune de ces facettes, depuis les premiers symptômes jusqu'à l'annonce de la rémission, est regardée avec la même raison et la même lucidité par les deux auteurs. Leurs récits se répondent ainsi harmonieusement, on pourrait dire intimement, contribuant à les aider mutuellement à mettre en mots ce réel si violent, douloureux et incompréhensible pour tout médecin et pour tout humain.

Dans leurs récits, ils nous font aussi partager avec simplicité et pudeur la nature de leurs sentiments et de leurs émotions, au jour le jour, et comment ceux-ci les ont aidés ou parfois entravés dans leur prise de conscience et d'acceptation de ce qui est à vivre. Ils nous racontent également que tout cela n'aurait pas pu se réaliser sans l'aide de ceux et celles qui les ont entourés de leur attention, de leur amitié et de leur amour.

Je recommande vivement aux étudiants en médecine la lecture de *Masse noire*. Ces deux magnifiques et courageux témoignages nous rappellent que la santé est fragile, que la médecine est enseignée et pratiquée pour répondre aux défis du réel et qu'elle ne peut rien sans sa dimension d'humanité.

Gilles Rode
Doyen de la faculté de médecine Lyon Est

La vie, c'est ce qui vous arrive alors que vous étiez en train de prévoir autre chose.

John Lennon

Mercredi 19 janvier 2022

Réveil 6 h 40. On sort dans un froid glacial. Le thermomètre affiche -8 °C. On se dirige vers l'hôpital de Sallanches. Je dois passer un scanner thoracique ce matin. Oui ça fait quelques jours que je tousse et que j'ai mal au dos… alors j'ai eu le malheur d'aller chez le médecin qui a trouvé sur une radio un peu de liquide autour de mon poumon. Bon on ne va pas s'emballer, bien qu'on soit un peu paranos en tant que jeunes médecins, ça ne doit pas être grand-chose. Mais Papa a l'air très stressé donc il m'a trouvé un rendez-vous en semi-urgence en plein milieu de mes vacances au ski à Megève ! Et dire qu'il voulait même me faire rentrer à Lyon en urgence hier, complètement ouf le gars !

Nous arrivons donc tranquillement à Sallanches avec Paul, mon copain depuis près de 4 ans maintenant. Le soleil est à peine levé. On commence par le passage au laboratoire pour une prise de sang. Je n'avais pas d'ordonnance donc Paul avait traficoté une ordonnance du Centre Hospitalier où il était interne… La secrétaire n'y voit que du feu, on est plutôt fiers de notre petite combine ! Une fois la prise de sang réalisée, direction le service de radiologie pour le scanner. Je suis très gentiment accueillie par la secrétaire puis très rapidement par les deux manips radio. Elles m'installent, me posent un cathéter pour l'injection, papotent un peu avec moi, me préviennent que ça va chauffer un peu à l'injection. Puis le Dr C vient me saluer, c'est a priori un bon copain de Denis B, le parrain de mon frère, et c'est grâce à lui que j'ai eu cette place de scanner si rapidement. Le Dr C a l'air très sympathique, il me pose quelques questions et mon regard s'attarde sur ses pieds : le gars porte des tongs ! En plein mois de janvier ! Le détail qui tue...

Bref on commence l'examen, plutôt marrant, le truc se met à tourner à toute vitesse, j'esquisse presque un petit sourire, mais discret, je ne dois pas bouger. La manip vient me faire l'injection, ça fait effectivement chaud de la tête aux pieds ! Elle revient ensuite, en me disant que le Dr C voudrait rajouter une imagerie de l'abdomen. Ok, pas de soucis, je ne me pose pas de questions. En deux temps, trois mouvements c'est fini, je retourne me rhabiller. Très vite suivie des manips, qui ont constaté des lésions rouges dans mon cou et ont peur que je fasse un choc anaphylactique au produit de contraste ! Pas de panique c'est mon flush habituel qui traduit mon stress, elles me donnent quand même un petit Aerius pour la route ! Je retrouve donc Paul en salle d'attente et on me demande d'attendre que le Dr C me reçoive.

Mardi 18 janvier 2022

Je m'appelle Cyrille Colin. Je suis professeur à la faculté de médecine de Lyon. Je suis au travail, dans un bureau impersonnel qui abrite mes dernières années de vie professionnelle. Je passe mes journées à organiser et contrôler ce qui fait l'essentiel de mon activité : l'enseignement à la faculté, la gestion de mon service hospitalier et mes mandats ministériels ou associatifs. J'ai l'air très occupé, mais tout ceci est suffisamment bien organisé pour que le déroulé de ma journée soit une succession paisible et bien huilée de rendez-vous, distanciels ou présentiels, de réunions et de pauses bien méritées (!). Ce matin du 18 janvier, je suis en train de vérifier le planning de ma semaine quand je reçois un appel de Lucie.

Lucie est la benjamine de mes trois enfants. Elle a toujours été à l'aise dans ses études. Souvent première de sa classe, elle a réussi un bac scientifique avec une moyenne de 20,26 sur 20. J'ignorais que ce fût possible, d'une part car j'ai toujours été très loin de ces scores et d'autre part parce que je ne savais pas que les coefficients affectés aux matières pouvaient conduire à cette moyenne insolite. Elle avait été major du Bac dans l'académie du Rhône, avec en prime une belle cérémonie et un discours au Rectorat de Lyon.

Après ce bac facilement obtenu, elle a ardemment réussi le concours de première année de médecine, ce qui était son souhait le plus cher depuis très longtemps. On l'avait entendue nous expliquer, à l'âge de 6 ans, comment elle voulait aménager son cabinet de gynécologie place Bellecour à Lyon, avec un petit espace réservé pour les enfants qui viendraient avec leur mère. Puis elle a réussi le concours de fin d'études médicales, ce que l'on appelait « L'internat », au classement très honorable de 391e sur plus de

8000 candidats. Elle a choisi la pédiatrie et semble heureuse de ce choix, en dépit du rythme effréné des longues journées de travail et des multiples gardes. C'est lors du troisième semestre dans sa spécialité, dans un service de pneumologie pédiatrique qu'elle a pu s'organiser une bonne semaine de vacances avec Paul, son amoureux depuis plus de quatre ans.

Lucie a toujours eu mal au dos. Nous mettions cela sur le compte de ces longues heures passées sur son bureau à travailler. Mais depuis quelques semaines, ses douleurs avaient pris un nouveau masque. Elles irradiaient sur le devant de son torse. Comme si les douleurs vertébrales parcouraient les côtes pour s'épanouir en plein thorax, à la manière des névralgies intercostales. D'un naturel optimiste et avide de vie, Lucie ne se préoccupait pas plus que cela de ces douleurs.

Arrivée à la montagne, elle m'appelle pour me dire qu'elle a de plus en plus mal au dos et au thorax et qu'elle tousse au moindre changement de position. Après une journée de ski et une nuit perturbée par la toux, elle a consulté un médecin généraliste qui lui a prescrit une radio pulmonaire. L'analyse de l'image évoque une pneumopathie et met en évidence un épanchement pleural franc avec des signes de scissurite, c'est-à-dire des signes d'inflammation de la plèvre entre les lobes pulmonaires. Elle lui a prescrit des antibiotiques à large spectre et lui a conseillé le repos. Quand Lucie m'appelle, en fait de repos, elle est déjà sur les pistes, bien décidée à considérer cette pneumopathie comme un banal aléa de santé.

Pour ma part, et très vite, car je pense que c'est ma nature profonde, je suis gagné par l'inquiétude. Je ne comprends pas comment on peut avoir une pneumopathie sans fièvre et avec un épanchement pleural si consistant. Je lui dis qu'il faut faire un bilan de cet épanchement pleural, qu'il faut en connaître l'étendue et aussi la cause. Toutes les pneumopathies ne s'expriment pas par un épanchement pleural. Je pense tout de suite à la nécessité de faire un scanner pulmonaire et j'essaie de l'en convaincre, ce qu'elle accepte très spontanément. Je raccroche et appelle tout de suite mon collègue Vincent C, pneumologue à Lyon, qui me rassure sur la pneumopathie tout en me disant qu'un scanner est indiqué. Il organise immédiatement un rendez-vous de scanner ce mardi après-midi avec Didier R, un ami radiologue de l'hôpital Louis Pradel à Lyon et une consultation de pneumologie avec Lucie après le scanner en fin d'après-midi, pour envisager la meilleure conduite thérapeutique. Je suis content et je m'estime très chanceux de l'organisation qui se profile.

J'appelle Lucie. Elle est sur les pistes de La Princesse, en plein soleil, avec Paul et ils ont déjà réservé la tartiflette en terrasse en face du Mont-Blanc. Je tombe assez mal, je l'avoue, avec mon projet de rapatriement en urgence à Lyon pour le début de l'après-midi. Elle me rabroue gentiment et me demande si cela ne peut pas attendre le lendemain, d'autant qu'à cette heure de la matinée, elle se sent plutôt bien et sa voix ne trahit aucune inquiétude.

J'acquiesce, mais ne lâche pas le projet. J'appelle Denis B, mon ami radiologue à la retraite à Morillon et qui connaît bien les hôpitaux de Haute-Savoie pour y avoir travaillé dans les cinq dernières années de sa vie professionnelle. Il a la gentillesse et le sens du service rendu innés Denis ! Il lui trouve un scanner le lendemain, mercredi 19 janvier à 8 heures 15 à Sallanches, c'est-à-dire à peine à 20 min de Megève, difficile de trouver plus près en fait. Lucie, toujours sur les pistes, accepte volontiers et se confond en remerciements pour Denis. Elle m'envoie quand même la photo de la « tartiflette en terrasse face au Mont-Blanc » qui effectivement laisse au loin les problèmes de santé du quotidien. Dans la soirée, elle m'indique que la médecin généraliste de Megève l'a rappelée en lui disant de ne pas prendre d'antibiotiques et de faire un scanner. Évidemment cela ne nous rassure pas, mais on va se coucher en étant confortés quant à la conduite à tenir.

Après une bonne demi-heure d'attente, le Dr C finit par venir me chercher (toujours en tongs). Il nous installe avec Paul dans un petit bureau. Et puis là, le choc. Il n'y va pas par quatre chemins. « Mademoiselle, il y a quelque chose sur le scanner », « masse médiastinale », « lymphome », « on en guérit ». Voilà les informations que mon cerveau sidéré arrive à extraire. Je remue sur ma chaise, les larmes commencent à me monter aux yeux. Ce n'est pas possible, qu'est-ce qui est en train de m'arriver, ce doit être un mauvais rêve. Je lui demande la taille de la masse. « Dix centimètres de diamètre ». Dix centimètres ! Une grosse orange. Dans mon médiastin, entre mes deux poumons. Sans que je ne me sois rendu compte de rien. Le Dr C, à la fois direct, mais délicat, conclut cet entretien finalement très rapide en me donnant des instructions pour la suite de la prise en charge, il parle de biopsie, il me recommande de prendre bien soin de moi. Il fait même une blague sur le look de mono de ski de Paul pour détendre l'atmosphère.

On sort donc de ce bureau, complètement sidérés, et on se dirige vers la sortie. Je sens un déluge de larmes qui commence à déferler sur mes joues. Je marche tout droit, Paul à mes côtés, avec une obsession : sortir d'ici, de l'air, j'étouffe. On se retrouve sur le parvis de l'hôpital, Paul me prend dans ses bras. Mais qu'est-ce qui est en train de m'arriver ? Je suis perdue. Heureusement que Paul est là. J'essaie de me ressaisir. Un objectif me vient maintenant en tête : se calmer, rentrer à l'appartement et appeler Papa. J'ai à ce moment-là la croyance un peu magique et enfantine que les papas sont des héros qui savent toujours quoi faire pour sauver leurs enfants du danger. Il me semble à ce moment-là être la seule solution, le seul capable de comprendre et de me dire quoi faire, par quoi commencer face à cet abîme qui s'ouvre sous mes pieds.

On prend donc la route jusqu'à l'appartement, le silence s'installe. Des milliards de questions m'assaillent : est-ce vraiment vrai ? À quoi va ressembler ma vie ces prochaines semaines ? Est-ce que je vais souffrir ? Est-ce que je vais mourir ? Tout se mélange dans ma tête. La seule chose que j'arrive à verbaliser c'est « Chienne de vie ». Ne me demandez pas pourquoi. Il n'y a que ça qui sort. Je le répète 3 ou 4 fois d'affilée. Paul finit par se foutre de ma gueule et de mon expression chelou. Et en même temps chienne de vie quoi ! Mon frère a une maladie orpheline, ma sœur a enchaîné les burn-out, ma tante s'est suicidée, ma Mamie est décédée il y a tout juste 3 mois et maintenant je me tape une patate de 10 cm dans le thorax ! Mais qu'est-ce que j'ai bien fait au bon Dieu pour mériter tout ça ?

Mercredi 19 janvier 2022

J'ai presque tout oublié de cet épisode ce mercredi quand je reçois un appel de Lucie venant déranger mon activité bien réglée. Elle a la voix blanche, une voix que je ne lui connais pas. Elle me souffle avec peine :

— Papa, j'ai une masse médiastinale de plus de 10 cm, c'est très gros, le radiologue évoque un lymphome…

Elle éclate en sanglots en me disant que j'avais raison, qu'elle aurait dû rentrer à Lyon tout de suite, qu'elle avait été inconsciente de rester un jour de plus sans rien faire. Je la rassure tout de suite, en lui disant doucement que si cela se confirme, on n'est pas à 24 heures près. Je sanglote aussi, perds un peu pied puis je me reprends rapidement pour que l'on se calme tous les deux. Et puis j'assène des paroles fortes, un peu méthodiques, en essayant d'y croire :

— Ne t'inquiète pas, on a tout ce qu'il faut. On ira à Paris s'il le faut. On va s'en sortir, nous devons prendre les choses l'une après l'autre et on va y arriver.

On se réconforte l'un l'autre et je lui promets de m'occuper de la suite des événements. J'appelle illico quelqu'un de proche et sûr. Antoine D, mon jeune collègue récemment nommé professeur, mon futur successeur, celui que j'ai accompagné et encouragé depuis son internat. Je veux discuter avec lui de la meilleure personne à contacter pour une prise en charge immédiate. En bon parisien, il évoque l'Institut Gustave Roussy, l'Institut Curie, puis le Centre Léon Bérard à Lyon voire l'hôpital Lyon Sud. Il hésite, il évoque plusieurs noms à Lyon puis vient le nom d'Isabelle D, une vraie amie, excellente médecin interniste qui avait pris en charge ma mère de façon efficace pour son épisode de thrombose veineuse profonde. Je rappelle Vincent

C, qui est difficile à joindre, en consultation ou dans son service. Dans ces moments d'incertitude, je gamberge, je rumine, à mi-chemin entre la tentation d'être psychologiquement dévasté et celle d'être activement dans le combat. Je préfère rester dans l'action, dans l'organisation compulsive du parcours de Lucie. J'appelle Isabelle D et j'obtiens tout de suite un rendez-vous dans l'après-midi.

Vincent C me rappelle, il me dit qu'il dispose des images du scanner qui lui ont été transmises par l'hôpital de Sallanches. Je constate qu'il me parle doucement, pèse ses mots et aménage ce que j'anticipe comme une annonce de diagnostic. Il a visionné le scanner avec un jeune collègue qui connaît mieux que lui la discipline hématologique. Ils sont quasi formels, il s'agit d'un lymphome, qui occupe tout le médiastin et qui a une réaction pleurale assez caractéristique de ce type de tumeur. Il insiste doucement, mais fermement pour me dire qu'il ne faut pas perdre de temps et faire une biopsie de la masse tumorale. Je regrette d'avoir pris rendez-vous avec Isabelle D, je lui avoue et il me dit que c'est OK, qu'elle est à Lyon Sud, proche du service d'hématologie et qu'elle pourra facilement communiquer avec eux. Il me dit aussi qu'il reste à disposition pour prendre un rendez-vous de biopsie dans le service de chirurgie thoracique de l'hôpital Louis Pradel.

On finit par arriver à l'appartement. Je me pose et j'appelle tout de suite Papa. J'ai à nouveau cette sensation d'être une petite fille qui va montrer son bobo à son super papa pour obtenir un bisou qui guérit tout. Il répond tout de suite. Je lui dis rapidement, probablement assez brutalement, que je sors du scanner, que j'ai une masse médiastinale, qu'on m'a parlé de lymphome. Je pleure. Il s'en suit un court silence, ébahi, puis il lance un « Putain ». Mais comme à son habitude, il se montre fort et raisonné. Il me dit rapidement qu'il s'occupe de contacter des médecins qu'il connaît, qu'on va se battre, qu'on choisira les meilleures équipes, qu'on ira même à Paris s'il le faut (bon là il s'emballe un peu quand même). Il prend les choses en main. Je suis soulagée. Nous devons maintenant préparer nos affaires pour rentrer à Lyon, Dad me rappelle dès qu'il en sait plus. Il n'aura pas tardé puisqu'il me rappelle 5 minutes plus tard, il m'a pris rendez-vous cet après-midi avec le Pr Isabelle D, interniste, qui se tient à disposition dès que je serai rentrée à Lyon. Ok très bien, ce sera la première étape du long périple qui m'attend.

Nous gardons beaucoup le silence avec Paul pendant le trajet qui nous ramène à Lyon. Nos silences songeurs sont entrecoupés de blagues ironiques sur notre situation, sûrement notre façon à nous de faire face à ce qui nous arrive. Je me sens si coupable d'infliger ça à Paul... Lui qui était si heureux de passer une semaine au ski. Lui qui aime tellement faire plein de choses et qui va se retrouver bloqué avec une convalescente. Lui qui m'a déjà tant soutenue ces dernières années, arriverai-je enfin à lui rendre la pareille ?

On finit par arriver à Lyon. Papa nous rejoint, il me prend dans ses bras. Je pleure. Il a déjà contacté plusieurs collègues, beaucoup s'accordent sur l'hypothèse du lymphome. Nous partons rapidement direction l'hôpital Lyon Sud. Maman nous appelle sur la route. Papa est rentré chez eux pour l'informer des dernières nouvelles... Elle est en larmes, moi aussi. Arrivée à Lyon Sud, j'ai l'impression d'arriver à l'abattoir, qu'est-ce qu'ils vont bien faire de moi ? Je dois aller faire mes étiquettes. La secrétaire : « C'est la première fois que vous consultez chez nous ? ». Et oui, je pensais être en bonne santé jusqu'ici. On nous fait remplir le dépistage des symptômes COVID : avez-vous une toux inhabituelle ? La réponse est oui, et croyez-moi j'aurais préféré que ce soit le COVID ! Bref on se rend devant le box de consultation. Le Pr Isabelle D arrive rapidement. C'est agréable de voir un visage connu. Bien que je ne la connaisse pas personnellement, je l'ai souvent croisée à la faculté et Paul était externe dans son service et l'appréciait beaucoup. Je me sens en sécurité.

Elle me demande donc de reprendre l'histoire de mes symptômes depuis le début. Alors je replonge dans mes souvenirs de ces derniers mois. Je lui raconte mon mal de dos, apparu mi-octobre, il y a maintenant 3 mois. J'ai toujours été sujette au mal de dos depuis que je suis ado. D'un naturel un peu stressé, on ne va pas se mentir, les contractures et douleurs cervicales dans le haut du dos faisaient un peu partie de mon quotidien. Donc j'avoue ne pas avoir pris très au sérieux ces douleurs, me disant qu'il faudrait que je fasse de la kiné si elles persistaient. J'avais tout de même été alertée par l'irradiation thoracique de la douleur, je ressentais par moment la douleur sur le devant de mon thorax, au niveau de mon sternum. Ces douleurs étaient aussi prédominantes la nuit. Mais bon, une fois de plus, je banalisais mes symptômes. Un mal de dos à 25 ans, il n'y a pas mort d'homme ! J'en rigolais même avec mes collègues : j'avais dit une fois, alors que je me plaignais une fois de plus de ces douleurs, que je devais bien au moins avoir un cancer pour avoir mal si souvent. Tout le monde s'était bien foutu de ma gueule, se moquant de la paranoïa bien connue chez les étudiants en médecine. Si j'avais su… À y repenser, les douleurs étaient aussi augmentées à l'inspiration, ma plèvre devait déjà commencer à en baver… Et puis il y a eu la toux, d'apparition progressive depuis une dizaine de jours. Petite toux sèche, aspécifique. Au début, je pensais évidemment au COVID, classique en ces temps de pandémie… 3 tests d'affilée, tous les trois négatifs. Et puis il y a eu l'Exploration Fonctionnelle Respiratoire que j'ai faite par curiosité dans mon service de pneumologie pédiatrique. Un examen du souffle qui permet d'évaluer les capacités respiratoires. Tiffeneau 82 % et VEMS à 74 %, des résultats pas catastrophiques, mais qui ne restaient pas tout à fait normaux. Mon prétendu asthme non diagnostiqué fait parler et bien rire dans le service !

Et puis on finit par partir en vacances au ski avec Paul, ça tombe bien j'étais vraiment épuisée ces derniers jours. Mes copines sont là pour le week-end. On skie le samedi, soleil au beau fixe, neige idéale, bref le rêve ! J'ai un peu mal au dos la journée, j'ai peut-être le souffle un peu court à l'effort. Mais surtout, je tousse la nuit, dès que je m'allonge et je suis réveillée par la toux dès que je change de position. On fait une petite balade le dimanche avec mes copines. Dès que ça grimpe un peu (vraiment un tout petit peu), j'ai l'impression d'avoir du mal à parler et marcher en même temps. On fait une petite séance de yoga entre filles pour soulager mon mal de dos. Mes copines finissent par partir dimanche soir. J'ai passé une très mauvaise nuit cette nuit-là, je suis réveillée par la douleur, puis la toux. Ma nuit est faite d'une espèce de cercle vicieux : j'ai mal au dos en étant allongée, mais dès que je change de position pour soulager la douleur ça me fait tousser. Je m'inquiète un peu, est-ce que je devrais aller chez le médecin ? Je me décide après beaucoup d'hésitation à prendre rendez-vous à la maison médicale de Megève, mais en fin de journée après le ski, faut pas déconner non plus !

Donc c'est parti pour une journée de ski de dingue, Paul m'apprend à carver avec mes nouveaux skis, je me débrouille comme une pro ! Je commence à me dire que le médecin va bien se moquer de moi quand je lui dirai que j'ai skié toute la journée. Il risque de ne pas me prendre au sérieux. Je finis par y aller quand même. Elle me fait attendre 45 minutes. Et je rencontre finalement le Dr N., une petite jeune à peine plus vieille que moi. Je lui raconte mon histoire, elle m'examine. Elle a un doute sur une diminution du murmure vésiculaire au sommet de mon poumon droit. Mon cœur tape à 135 battements par minute… bon je sais que je ne suis pas très sportive, mais quand même ça fait beaucoup. Elle veut me faire une radio des poumons pour éliminer un pneumothorax droit. Pratique, ils ont un appareil de radio pour la traumatologie donc elle me fait ça très rapidement. Résultat : pas de pneumothorax droit, mais un épanchement pleural gauche. Sachant que je suis médecin, elle me fait passer derrière l'appareil avec elle pour me montrer l'image. Je la trouve bizarre, au début j'ai l'impression qu'elle est à l'envers, mon médiastin ne me semble pas orienté du bon côté. Mais bon je ne sais pas trop, je ne vois rien de très franc tout en ayant l'impression que quelque chose cloche. En tout cas on constate bien en effet une petite lame de liquide autour de mon poumon gauche. Bon on ne va pas se mentir, je vois bien que le Dr N n'a pas l'air de trop savoir qu'en faire de ma radio… Et honnêtement, je n'aurais pas su non plus. Elle conclut à une possible pneumopathie atypique et elle me met sous antibiotique. Je ne suis pas très convaincue. Et elle n'a pas l'air plus convaincue que moi.

J'appelle Dad le soir pour lui raconter. J'envoie aussi un message à Camille et Thomas, les médecins séniors dans mon service de pneumo-pédiatrie, en qui j'ai toute confiance, pour leur demander leur avis, eux qui ont bien l'habitude de voir des radios thoraciques. En vérité, ils n'ont pas l'air de trop savoir non plus, mais ils me rassurent et me recommandent de faire un scanner. Sur ces entrefaites, le Dr N me rappelle vers 20 h 30, elle me dit qu'elle a revu ma radio avec une de ses collègues et qu'elles ont un doute sur un ganglion médiastinal et qu'elles aimeraient aussi que je fasse un scanner. Ok, on est tous d'accord ! Pour elle comme pour Camille et Thomas, pas de critère d'urgence, il faut que je prenne rendez-vous tranquillement au retour de mes vacances, ça me va !

Je suis tout de même un peu sonnée par tout ça. Je commence à penser à des maladies inflammatoires, lupus ou autres. Mais ne nous emballons pas, le plus probable reste quand même une pneumopathie, une banale infection du poumon. Donc on se détend, on va finir nos vacances comme prévu et on gère ça la semaine prochaine. Du coup, ni une ni deux, journée ski le lendemain, toujours sous un soleil de rêve ! Et puis vers 11 h, appel catastrophé de Dad, il a eu le Pr Vincent C, professeur de pneumologie à Lyon, qui pense qu'il ne faut pas attendre. Il m'a donc trouvé un rendez-vous de scanner cet après-midi même à Lyon et peut me voir dans la foulée. Wow wow wow non, mais calmos les gars ! J'ai du mal à savoir s'il s'emballe totalement ou si je suis totalement inconsciente. Quoi qu'il en soit, là, face au Mont-Blanc, les skis aux pieds, ça me paraît un peu abusé de redescendre et de rentrer à Lyon l'après-midi même. Et puis c'est bon, j'ai passé mes dernières vacances à organiser l'enterrement de ma grand-mère, laissez-moi kiffer un peu ! On négocie, Denis B, le parrain de Paul-Rémi, qui a longtemps travaillé à Sallanches, me trouve un rendez-vous à l'hôpital de Sallanches le lendemain matin et j'aurai le Pr Vincent C en téléconsultation demain après-midi. En attendant, on profite de notre journée, on se paie une petite tartiflette face au Mont-Blanc, le top !

Voilà ce que je raconte en quelques mots au Pr Isabelle D. Elle m'écoute attentivement, prend note sur une feuille. Elle me pose quelques questions complémentaires. Elle m'examine, pas de ganglions à la palpation, pas de gros foie non plus, rien d'autre qu'un léger frottement pleural et une tachycardie. Elle reste assez évasive, il faut biopsier, faire un complément de biologie, un électrocardiogramme. Elle m'accompagne jusqu'aux infirmières, leur dit quelques mots. Puis elle me dit qu'il va falloir que je sois forte pour les épreuves qui m'attendent. Je fonds en larmes. Elle me prend affectueusement dans ses bras et me fait un petit câlin. J'apprécie son geste réconfortant. J'attends que l'infirmière arrive. Qu'est-ce qu'on se sent con quand on passe de l'autre côté de la barrière ! On se sent fort et puissant avec la blouse et le stétho autour du cou, alors que je me sens si vulnérable allongée sur le brancard. Troisième prise de sang de la journée, c'est cadeau. Le Pr Isabelle D va donc se mettre en contact avec le Pr Vincent C, le Pr Emmanuel B, hématologue et le Pr François T chirurgien thoracique. J'ai énormément de chance d'avoir un papa médecin et d'être médecin moi-même, toutes nos relations vont nous permettre d'accélérer tous ces processus et d'être pris en charge de manière sûrement plus rapide et efficace qu'une personne lambda. Elle me tient au courant pour la suite.

L'heure passe, je retrouve Lucie et Paul. Nous avons avec Lucie des retrouvailles pleines d'émotion et de larmes. Je dois l'emmener à son rendez-vous avec Isabelle D à Lyon Sud. Nous arrivons à l'heure, Paul est là, silencieux, mais présent, le regard grave, mais souriant. Isabelle D nous accueille dans un box de consultation. Elle fait son entretien à l'ancienne, « reprendre tout à zéro », interrogatoire complet, antécédents personnels et familiaux, notes sur papier, histoire clinique récente et examen clinique soigneux. Elle nous donne un peu d'espoir en évoquant un thymome, une tumeur bénigne qui peut survenir chez la jeune fille. Elle ne parvient pas à retrouver le scanner sur le logiciel des HCL. Elle va le voir avec sa jeune collègue, Quitterie R, qui est dans le box d'à côté et qui doit mieux maîtriser les outils informatiques. Au retour de sa lecture du scanner, je lui demande d'appeler Vincent C. Par chance, elle l'a tout de suite et on assiste à l'entretien téléphonique. On devine rapidement un Vincent C déterminé, sûr de son diagnostic, qui lui demande de ne pas perdre de temps pour contacter le service d'hématologie de Lyon Sud. Il propose de prendre le rendez-vous tout de suite avec le Pr François T en chirurgie thoracique, ce qu'Isabelle D accepte et elle nous en tient informés. On comprend à ce moment-là le changement de rythme dans la prise en charge. Isabelle D prescrit un bilan biologique qui est piqué tout de suite dans la foulée de la consultation. Lucie qui a compris l'accélération des événements, ne pense plus au thymome et pleure doucement avec l'infirmière qui la pique, Isabelle qui passe dans le box la prend dans ses bras en lui disant qu'elle a un fils de son âge. Isabelle, en sortant du box, me dit qu'elle s'occupe de tout et va nous rappeler pour nous tenir au courant des rendez-vous à venir.

On rentre à la maison, un peu déboussolés. Je retrouve Maman, évidemment très émue. On se prend un petit goûter, un petit thé. J'appelle le Dr N pour la tenir au courant de mes derniers examens. Puis j'envoie un message vocal à Camille et Thomas. Camille m'avait justement demandé des nouvelles ce matin. Ce seront les deux premiers à être au courant. Ils sont désolés de cette nouvelle et m'envoient d'affectueux messages. Je vais ensuite prendre un bain. Et c'est nue dans mon bain, en regardant mon thorax, que je m'aperçois qu'il y a une voussure. Un bout de paroi thoracique un peu bombé. Pile en regard de ma douleur. Mais comment ai-je pu ne pas m'en apercevoir... ? Puis on dîne tous ensemble. Et on se marre. Étrangement, on passe le dîner à se bidonner. Je crois qu'on en avait besoin. On s'envoie des blagues pourries lancées comme ça, sûrement pour masquer notre inquiétude. Ça fait du bien. Puis Paul m'offre un joli carnet, qu'il a eu le temps d'acheter avant de dîner. Un petit cahier à la couverture fleurie, qu'il me tend en me disant qu'il me permettrait de poser sur le papier mes émotions, ce que je ressens. C'est une délicate attention. Je me mets alors directement à écrire le récit de cette dense journée. S'il avait su que ce petit cadeau nous mènerait à l'écriture d'un livre !

Jeudi 20 janvier 2022

Premier jour du reste de ma vie. Je n'ai pas très bien dormi. J'ai été réveillée d'abord par la toux puis je n'ai pas retrouvé le sommeil à cause de la douleur puis de mon moral… Je passe ces heures d'insomnie à écrire dans ma tête les messages que je vais devoir envoyer : au Pr Philippe R mon chef de service, à mes co-internes, au Dr F B ma psy, à mes amis… Puis au lever du soleil, je craque. Je pleure discrètement pour ne pas réveiller Paul. Il m'avouera que lui aussi avait versé quelques larmes quelques heures plus tôt. Je me lève donc assez tôt et me mets à écrire tous ces mails. Ma matinée sera consacrée à ça. Ça y est, mon entourage sait, tout commence à devenir très concret. Les messages de soutien commencent à affluer. Tous aussi bienveillants les uns que les autres. C'est dans ces moments qu'on se rend compte à quel point il est important d'être bien entouré. Cette activité m'occupe, me détourne un peu de ma situation. Puis on déjeune. Et puis là, plus rien à faire. Et c'est à nouveau le craquage. Je pleure, à chaudes larmes. Paul est là, il me console, il me rassure. Je crois que je commence à réaliser l'ampleur de ce qui m'attend. Que ma vie va être mise en suspens. Que je ne serai plus jamais comme avant. Je crois que pleurer me fait du bien, il faut bien extérioriser. Et puis je finis par me reprendre. Allez, il faut bien profiter un peu de cette journée sans rendez-vous médicaux pour se détendre. On va aller se balader. Je ne me rends pas compte de ce que je peux faire ou non. Il y a 48 h j'étais sur mes skis et là j'ai l'impression d'être en sucre, prête à me rompre en mille morceaux au moindre choc. Paul court et je le suis en vélo électrique, je ne prends pas trop de risques… On va au Parc de la Tête d'Or. Ça me fait bizarre de voir ce lieu si familier, ma ville que je connais par cœur. Rien n'a changé, mais tout me semble différent.

Et puis on enchaîne avec une séance de ciné avec Clothilde, ma bonne copine de lycée. On va voir Encanto, le dernier Disney, dessin animé colombien sur l'importance de la famille. Un des personnages a le don de soigner avec des « arepas con queso ». J'aurais bien besoin de ça moi aussi ! Coloré, léger, gentil, presque cul-cul : exactement ce dont j'avais besoin ! Puis on prend un petit apéro à la maison avec Clothilde et Charles, le frère de Paul qui nous a rejoints. On se détend, on rigole, tout ça autour d'un petit Spritz. Puis la fatigue m'envahit. 21 h, il n'est pourtant pas bien tard…

Tout s'enchaîne rapidement, rendez-vous avec le Professeur François T dès le vendredi, puis contact avec Emmanuel B, professeur d'hématologie au Centre Hospitalier Lyon Sud. En attendant ces prochaines étapes, je me décide à appeler mon ami Gilles S, médecin hématologue et expert international du lymphome. Il est parti de Lyon en 2020, recruté au Memorial Sloan Kettering Cancer Center à New York, après une très belle carrière de professeur d'hématologie à Lyon. Je lui envoie un mail pour lui exposer l'histoire de Lucie et il me répond en moins de cinq minutes. Me promet de me rappeler pour parler avec moi. Vingt minutes après, je l'ai au bout du fil. Il me parle, me rassure, m'explique. Un cancer, oui, mais que l'on guérit à 90 %. Quand il me dit cela, je pense que 10 % d'échec du traitement, c'est encore trop… Il m'énonce les deux hypothèses, le Hodgkin ou le lymphome B à grandes cellules. Pronostic un peu plus favorable pour le Hodgkin, mais très bons résultats avec l'autre aussi. Il me promet d'appeler son collègue lyonnais pour que je puisse lui parler et connaître la stratégie thérapeutique. Il m'évoque aussi la guérison et la préservation de la fertilité et le nom de Christine RJ pour une consultation de gynécologie avec l'objectif de sauver les ovocytes de l'agressivité de la chimiothérapie, inévitable pour ce type de thérapeutique.

Par un hasard complet, Christine RJ m'envoie un mail pour un abstract à cosigner et je lui demande de m'appeler pour un problème personnel. Elle le fait dans les deux minutes. Je lui explique la situation, elle comprend instantanément et m'explique les enjeux, les possibilités de cryoconservation des ovocytes, voire de l'ovaire entier avec l'objectif de sauver la possibilité d'enfanter. Elle me rassure, me parle lentement et avec empathie. Je la trouve appliquée, soigneuse et très professionnelle. Elle me propose d'emblée de garder un rendez-vous pour Lucie en m'assurant que cela pourrait être changé. Peu de temps après, la confirmation du rendez-vous est envoyée à Lucie qui se demande bien ce qu'est ce nouveau rendez-vous.

Vendredi 21 janvier 2022

Lever matinal aujourd'hui, c'est le jour du premier rendez-vous médical important, celui avec le chirurgien qui va m'opérer pour la biopsie. J'essaie de ne pas trop le laisser transparaître, mais je suis un peu stressée. On se prépare. Je ne sais pas pourquoi, mais j'ai envie de me faire belle. Ce n'est pas parce qu'on a une masse médiastinale qu'on n'a pas le droit d'être élégante ! Je mets ma nouvelle robe en laine, ma bague et mes boucles d'oreilles offertes à Noël. Je veux faire bonne figure.

On arrive à l'hôpital Cardio avec Paul, on retrouve Papa là-bas. Puis nous sommes reçus par le Pr T, chef du service de chirurgie thoracique, qui doit m'opérer lundi prochain pour biopsier la masse. C'est un homme charmant, la soixantaine, un faciès doux et souriant, je le trouve rassurant. « Il est très sympa pour un chirurgien », commente Papa ! Il nous montre les images du scanner que je n'avais toujours pas vues. Sacrée patate quand même, c'est impressionnant. Il m'explique en quoi va consister la chirurgie : une incision de quelques centimètres sur le haut de mon thorax pour aller prélever un peu de tumeur. Puis une nuit d'hospitalisation pour surveillance. La secrétaire me donne tous les détails administratifs et pratiques. Avant de quitter le Pr T., j'ai envie de lui dire « Reposez-vous bien ce week-end, arrivez en forme lundi et évitez de vous engueuler avec votre femme dimanche soir ». Je le veux au top de sa forme, qu'il incise sans trembler et surtout me fasse des jolis points pour que la cicatrice se voit le moins possible, même si elle sera en plein milieu de mon décolleté. Je m'abstiens de ces remarques, évidemment. On a une petite pause avant la consultation avec l'anesthésiste, celui qui m'endormira au moment de la chirurgie. On s'arrête boire une boisson chaude au relais H (la cafétéria de l'hôpital) et là à nouveau je craque. Tout devient si concret. Papa me dit qu'il a appelé une connaissance, hématologue lyonnais maintenant parti à New York. Il lui aurait parlé de plusieurs semaines de chimio intensives. Je commence à réaliser ce qui m'attend : les hospitalisations, la chimio et ses effets secondaires, la perte de mes cheveux... J'ai l'impression d'être face à une montagne infranchissable. C'est si dur.

Puis on se rend à la consultation d'anesthésie. L'anesthésiste qui me reçoit est une interne en fin de cursus, on a quasiment le même âge. Elle me demande si elle peut me tutoyer. J'accepte, c'est difficile de se positionner. Je la trouve pleine d'empathie, même si Papa a l'air de ne pas pouvoir la saquer. Elle doit s'imaginer à ma place. Dernière étape de ce marathon médical de la matinée : prise de sang pour groupage et RAI, ce ne sont que mes 4e et 5e piqûres en 3 jours... On finit par rentrer à la maison puis on se prépare pour aller aux Collerettes, notre nouvelle maison de campagne familiale. Ce week-end, on s'y retrouve tous ensemble, ma sœur Eugénie descend même de Paris. Tout le monde est uni autour de moi, ça me fait chaud au cœur.

Mes deux autres enfants, Eugénie et Paul-Rémi, ne sont pas longs à convaincre pour nous accompagner aux Collerettes avec Isabelle, Lucie et Paul. Mais avant cela, nous rencontrons François T, le chirurgien thoracique à l'hôpital cardio-vasculaire. D'emblée, cet homme paisible nous fait une impression rassurante. Il nous fait asseoir dans son bureau, avec Paul et Lucie, et nous propose de regarder le scanner tous ensemble. L'image est implacable, elle ne ment pas, elle est là, sous nos yeux, et se déroule de bas en haut. On voit progresser cette volumineuse tumeur qui envahit tout le médiastin, qui repousse le cœur à droite et le poumon sur la gauche. Elle est associée à un épanchement pleural, du liquide en quantité importante entre le poumon et la paroi thoracique. Je vois les regards de Lucie et Paul, estomaqués par l'image. Je ne peux m'empêcher de murmurer : « Ah oui, quand même, c'est énorme… ». Je gamberge ensuite, interdit et muet devant ce tissu qui s'infiltre dans les recoins du médiastin et fait bomber la paroi thoracique côté gauche. Lucie l'avait senti à la palpation, me l'avait montré, mais là, nous avons cette image, invasive, envahissant notre champ visuel à tous les trois et c'est très impressionnant. Pendant ce temps-là, François T explique l'intervention avec calme et assurance. Il évoque la petite cicatrice horizontale au-dessus du sein gauche qui devrait rester après l'intervention.

Le rendez-vous avec l'anesthésiste a lieu dans la foulée. Ce rendez-vous ne manque pas de piquant. Elle est toute jeune, doit être encore interne ou docteur junior. Elle nous reçoit, Lucie, Paul et moi, dans une pièce minuscule qui arrive tout juste à accepter un bureau pour elle et trois chaises pour nous. Pas de table d'examen ni de tensiomètre, le strict minimum pour un entretien. Elle commence par demander à Lucie si elle peut la tutoyer, ce qui, à mon sens, n'est pas une bonne entrée en matière. Elle fait un vague interrogatoire sur les antécédents personnels et familiaux puis commence à expliquer à Lucie comment se passe une médiastinoscopie. Au bout de quelques mots, je lui rappelle, un brin agacé, qu'il ne s'agira pas d'une scopie, mais d'une médiastinotomie, c'est-à-dire une incision, une intervention percutanée directe et un prélèvement de matériel tumoral suffisant pour l'analyse anatomo-pathologique. Elle bafouille un « oui, ben c'est pareil », « Ben non ce n'est pas pareil, bécasse » pensais-je. Je ne lui ai pas dit cela, mais c'était sur le bout de ma langue et cela révélait la nervosité qui était la mienne et qui était prête à se jeter sur le ou la première venue qui commettrait le moindre début d'erreur sur ma fille.

Après cela, on part directement au laboratoire de biologie pour un groupage sanguin et la recherche d'anticorps irréguliers. Lucie est admise très rapidement pour une prise de sang. On attend dans le hall avec Paul et c'est à ce moment-là que ma dysurie prostatique se fait connaître. Je demande poliment à une infirmière qui passe si je peux rejoindre des toilettes et d'un air excédé, elle me dit de passer la porte à côté et c'est « deux fois à gauche ! ». Je m'exécute, passe la porte, vais deux fois à gauche et, la main sur la braguette, je me retrouve en plein dans une salle de soins copieusement garnie de personnel soignant. Je bredouille un « Oups, scusez-moi » et replie pour aller plutôt deux fois à droite où se tiennent effectivement les toilettes. En rentrant auprès de Paul, je lui raconte et je disserte de façon docte sur l'erreur humaine. Deux erreurs en moins de 15 min, celle de l'anesthésiste et celle de l'infirmière, ça démarre fort… En retrouvant Lucie, je lui recommande le double check pour toute action de soins sur sa personne, ce à quoi elle consent avec un sourire amusé « Oui oui Dad, oui oui ».

Douleur d'être père

Dans la neige et le soleil
Un souffle court au réveil
Dans la douceur de ce couple
Une nouvelle un mot qui découpe
Dans le matin surnuméraire
Survient en brûlant la douleur d'être père
La souffrance et les pleurs sont nés
L'impossible et lointaine fuite des idées
La brutalité d'une image, le vertige du naufrage
La tentation de la rage, la nécessité du passage
Se nouer dans l'attente des maux
Se libérer dans l'afflux des mots
Envisager un chemin d'épines
Se taire et courber l'échine
Dire et aimer, aimer le vivre
Lire et penser, écrire le livre

Samedi 22 et dimanche 23 janvier 2022

Nous passons donc ce premier week-end de ma nouvelle vie aux Collerettes. Cette maison au doux nom que les parents ont achetée il y a un peu plus d'un an maintenant. C'est une grande maison aux pierres dorées éclatantes, entourée d'un charmant jardin à l'anglaise rempli à la belle saison de roses de toutes sortes, que l'ancienne propriétaire adorait et cultivait avec attention. Cette maison est pour moi synonyme de bonheur familial. Lieu de retrouvailles. Son grand salon où on se voit passer des heures à papoter en famille. Sa belle et lumineuse salle à manger, on l'on imagine de grandes tablées partager de joyeux repas. Sans oublier les voisins si attentionnés, qui aujourd'hui nous ont amené des œufs de leurs poules. Même si en cette saison le jardin est plus austère, je me plais à me lover au coin du feu avec un bon livre. L'ambiance est bonne tout au long du week-end, nous passons des repas joyeux, faisons des parties endiablées de jeux de société. Nous avons fait une petite balade dans le coin, occasion de me rendre vraiment compte de mes limitations à l'effort. Celles que je minimisais au ski. J'ai du mal à parler et marcher en même temps. Je me sens essoufflée. Mon sommeil n'est toujours pas très bon, mais je parviens tout de même à dormir 6 h d'affilée samedi soir, c'est une victoire ! Je surprends au réveil Papa et Eugy discuter dans le salon. Eugénie pleure. Ça me fait mal au cœur de leur faire du souci et de les rendre tristes… Je perçois bien leurs regards inquiets à tous depuis le début du week-end. J'aimerais essayer de les réconforter, mais je ne trouve pas les mots.

Mais cette douce parenthèse me fait du bien. Je sais qu'il faut que je prenne des forces pour ce qui m'attend cette semaine. Je reçois aussi beaucoup de messages de mes amis. Certains sont très touchants. Je suis vraiment bien entourée, ça me rassure. On finit par rentrer dimanche soir avec Paul. L'ambiance est bonne dans la voiture, on chante à tue-tête. Une fois à la maison, je prépare ma valise pour demain. Je suis plutôt sereine pour le moment.

Le soir même, Paul, Isabelle et Lucie vont retrouver Eugénie aux Collerettes. Je les rejoins avec Paul Rémi un peu plus tard pour se retrouver dans le nid douillet de notre cocon familial. Le week-end se déroule dans la joie des promenades et des jeux, le tri des cartons ramenés de notre déménagement. Une douce ambiance nimbée d'amour familial à peine perturbée par les toux sèches de Lucie, le visage un peu grave de Paul et l'anxiété bien palpable d'Isabelle et moi. La promenade dans le Brionnais est l'occasion d'échanges profonds sur le choix de voitures ou d'appartement de Paul Rémi, ou avec le ressenti d'Eugénie sur cette irruption de la maladie dans notre cercle familial. Pour le coup, les problèmes professionnels d'Eugénie semblent loin. Soit « elle ne veut pas nous ennuyer avec cela en ce moment », soit une accalmie opportune s'est produite dans ses relations avec son supérieur hiérarchique. En rentrant nous faisons une belle partie de DIXIT, gagnée haut la main par le paternel avec la complicité affectueuse d'Eugénie. La fin du week-end se conclut par une belle partie de Uno remportée par Eugénie au nez et à la barbe de Paul, pourtant grand favori.

Lundi 24 janvier 2022

C'est le grand jour, le jour du bloc. Je me lève à 7 h 40. Je commence la journée par un bon verre de jus d'orange sans pulpe et une grande tasse de thé. Pas de petit déjeuner évidemment, il faut être à jeun avant l'opération, seuls les liquides clairs sont autorisés. Et puis je passe à la douche à la Bétadine, je m'astique de la tête aux pieds. Papa et Maman arrivent pour venir me chercher alors que je suis encore sous la douche… Ils sont en avance, comme d'hab' ! On se met en route, rendez-vous à l'hôpital Cardiologique, au salon d'accueil du 8e étage. Nous sommes accueillis par une charmante infirmière, qui me pose quelques questions et me prend mes constantes. Puis c'est l'heure de quitter les parents. Je n'arrive pas à retenir mes larmes. J'ai encore l'impression d'être une enfant que ses parents abandonnent en la déposant à l'école. La charmante infirmière me montre le salon d'accueil : grands fauteuils en cuir, diffuseur d'huiles essentielles, musique douce, tout est prévu pour se détendre au mieux avant de passer au bloc. Elle me fait enfiler un pyjama violet à usage unique avec de splendides pantoufles assorties. Je suis au top niveau look, je suis sûre que Cristina Cordula approuverait.

Je suis stressée, je ravale quelques sanglots. Je lis un peu mon roman pour me détendre, ou au moins essayer. Puis les aides-soignantes viennent me chercher pour m'emmener au bloc. Elles sont gentilles, me demandent un peu mon histoire. Et puis j'arrive enfin au bloc, cette fois c'est l'aide-soignant du bloc qui me prend en charge. Il est très jeune lui aussi. On commence à papoter. Je pense qu'il ne sait pas pourquoi je suis là. Je lui dis que je suis médecin. Il me dit que ça doit me faire bizarre de passer de l'autre côté de la barrière. « Moi aussi quand je me suis cassé le poignet ça m'avait fait tout drôle, mais bon on se dit que c'est seulement pour une opération et qu'après on reprend vite notre place de soignant. C'est pareil pour vous non ? » Euh non. Pas tout à fait. Je lui explique, il a l'air un peu gêné… Il n'a plus osé venir me reparler après ! Puis le Pr T. arrive, il me dit un petit mot réconfortant. Puis c'est au tour de l'infirmière anesthésiste d'arriver. Elle me fait parler un peu, je lui dis que j'étais en vacances au ski la semaine dernière. Donc au moment de m'injecter le produit anesthésiant, elle me dit d'imaginer que je suis à la terrasse d'un café face au Mont-Blanc, elle me demande si je choisirais plutôt un chocolat chaud ou un bon thé. Je lui réponds un vin chaud. Et puis le trou noir.

Dès le lendemain matin, on repart au combat. On accompagne Lucie, Isabelle et moi, dans le service de chirurgie thoracique du Pr T. On est reçus à 9 h 30 pile, dans le salon d'accueil du 61, par une infirmière gentille et très professionnelle. On laisse Lucie dans le salon avec aromathérapie et musique douce dans l'attente de l'entrée au bloc opératoire. À peine une heure plus tard, le Pr T me rappelle très gentiment pour me dire que tout va bien, l'opération a été simple avec un bon prélèvement qui va permettre une analyse anatomo-pathologique efficace. Selon lui, cela ressemble vraiment à un lymphome, le doute de toute façon n'est plus permis. À chacune de ces étapes, on reçoit ces informations sur la gravité avec un pouce de déception, comme si le déni nous avait permis d'espérer encore à une nouvelle miraculeuse, « Ce n'est rien en fait, une bulle de savon, un béninome, un bout de thymus égaré qui va rentrer bientôt dans sa coquille ».

C'est a priori vers 13 h que je commence à émerger. Ma gorge me serre, j'ai du mal à déglutir. Je suis encore dans les vapes, je somnole un peu. On vient me dire qu'on va me faire une radio du thorax et qu'après je remonterai dans ma chambre. J'essaie de bouger un peu, je crois que je n'ai pas de drain pleural, c'est que l'opération a été sans complication. Il y a un autre monsieur à côté de moi qui a l'air d'avoir mal, on lui fait de la morphine. En somnolant, j'entends plusieurs fois les infirmiers dire « Pour Mme Colin, tout se passe bien ! ». Bon il paraît que je vais bien, c'est tant mieux. Il y en a une qui vient me dire « Si tout le monde se réveillait aussi facilement que vous, ce serait parfait ». Là je m'imagine en mode Belle au Bois Dormant, ouvrant délicatement et sensuellement ses beaux yeux de biche. LOL... Je ne suis pas sûre que la Belle au Bois Dormant portait des pyjamas violets jetables !

Bref, on finit par me faire la radio et on me remonte dans le service. Les infirmières viennent prendre mes constantes et je leur demande quand est-ce que je vais manger. Elles se renseignent... puis elles m'abandonnent pendant une heure. Je m'assoupis, encore un peu groggy de l'anesthésie. Et puis vers 15 h j'émerge, on ne m'a toujours pas donné à manger, j'ai la dalle moi ! Le Pr T passe me voir, il est content et toujours aussi bienveillant. Bon moi j'avoue que je suis toujours un peu dans le potage donc je ne saurais pas vraiment retranscrire ce qu'il m'a dit. Et puis les infirmières viennent me dire qu'elles ne peuvent rien m'amener à manger avant 16 h. Non, mais les bougres, ils me charcutent le thorax et après ils m'affament ! Ça ne se fait pas !

Sur ces entrefaites, Dad arrive pour me tenir compagnie avec des Kinder Buenos et des sudokus. Et on finit enfin par m'amener un repas ! Alléluia ! Exactement les mêmes plateaux que nous avons en tant que médecin pendant nos gardes de nuit, je ne suis pas dépaysée. Poisson blanc, julienne de légumes, tout ça dans une barquette en plastique : le bonheur ! Dad fulmine contre cet hôpital qui ne pense pas assez à ses patients. Je laisse couler, si je commence maintenant à m'énerver, ça ne va pas le faire ! Et puis j'ai trop la dalle !

Puis on papote un peu et il me dit qu'il est en train d'écrire mon histoire, lui aussi. Et c'est là que nous vient l'idée d'un livre. Écrivons mon histoire. Enfin, notre histoire. À 4 mains. Papa est plus qu'enthousiaste, il nous imagine déjà vainqueurs du Prix Goncourt ! On s'arme donc chacun de notre carnet et de notre stylo, et on se met à écrire, sagement. Il finit ensuite par partir. Dorénavant, je m'attelle à répondre à tous mes messages de soutien. Je songe sérieusement à embaucher une secrétaire pour gérer mon fan-club... Je passe

2 heures au téléphone : Jean-Victor, mon cousin, Amélie, ma copine de fac, Maman, Papy, je réponds à des messages... Je me sens bien en tout cas, je n'ai pas vraiment mal. On m'apporte mon dîner à 18 h 30, ça fait tout juste deux heures que j'ai terminé mon dernier repas, nickel ! Poulet et pâtes aux légumes... Heureusement que Dad m'a apporté des Kinder Buenos.

Je retrouve Lucie à 16 h dans sa chambre non sans avoir stressé de ne pas avoir de nouvelle de sa part jusqu'à 15 h, heure de son retour de la salle de réveil. Elle est encore un peu dans les brumes de l'anesthésie générale. Elle est toute pâle et encore teintée de Bétadine iodée à la base du cou. Sa chemise de chirurgie bleue et son pantalon violet lui vont à ravir. J'ai commandé la télé et internet chez Happytal et je lui monte un sudoku et un paquet de Kinder Buenos plein de douceur affectueuse. On est heureux de se retrouver, de parler de choses et d'autres sans importance, et surtout de se rassurer l'un l'autre sur nos ressentis respectifs. Lucie est toujours positive, bien adaptée à la situation, avec le calme et la détermination d'une guerrière le soir précédant le combat. On parle, on se tait, on se met à écrire tous les deux. Je ne sais plus qui a eu l'idée de cette écriture à deux. Probablement moi, parce que j'avais proposé de rédiger une biographie à deux à un ami professeur de neurologie, mais le projet n'avait pas abouti. En tout cas, on comprend vite que ce projet d'écriture nous permet de nous rapprocher et peut-être de communiquer plus et mieux que nos deux personnalités un peu discrètes, voire timides, ne le feraient oralement. Dans cette chambre d'hôpital, on se tient compagnie comme deux sensibilités un peu meurtries, mais contentes de se soutenir l'un par l'autre et l'une pour l'autre. Je pense qu'elle fait autant d'efforts pour ne pas m'inquiéter que je n'en fais pour la rassurer. Je la quitte à 18 h, non sans lui prodiguer des paroles de réconfort et d'affection.

Ma première nuit à l'hôpital. Je ne passe pas une très bonne nuit. Le lit n'est pas très confortable, je n'arrive pas à trouver une position où je suis bien. Les premières douleurs arrivent. J'appelle les infirmières vers 5 h du matin pour avoir un doliprane. J'ai refusé le Tramadol jusqu'ici. On me fait aussi une prise de sang. Je n'arrive pas à me rendormir après... J'attends donc patiemment le petit-déj à 8 h 30. Les infirmières m'enlèvent mon cathéter et mon pansement. Je découvre ma cicatrice. Elle est beaucoup plus grosse que ce que j'imaginais. En plein milieu du décolleté... On a vu plus élégant... Première atteinte à ma féminité. Bon je m'y ferai. Pas le choix de toute façon. Je reçois beaucoup de visites ce matin : kiné, cadre du service, personnel Happytal qui m'amène un petit cadeau, et puis le classique tour médical ! Le sénior, l'interne, l'externe, l'infirmière, l'étudiante infirmière, l'aide-soignante, tout le monde est là ! Tout ce beau monde rentre à peine dans ma chambre... Ils sont satisfaits de mon évolution, m'autorisent le retour à la maison aujourd'hui. Je me rends compte que l'interne est une fille que je connais, nous étions ensemble au Tutorat à la fac. On fait comme si on ne se connaissait pas, ne sachant pas bien quelle attitude adopter, c'est un peu gênant... Paul finit par venir me chercher, je suis contente qu'il soit là. On se commande un bon gros burger en rentrant à la maison, ça fait plaisir.

Je ne me sens pas super bien dans l'après-midi, mes douleurs se majorent. Je me décide enfin à prendre du Tramadol. C'est un antalgique plutôt efficace, mais qui a la réputation de ne pas être toujours très bien toléré. Tramadol 50 mg, ça marche plutôt pas mal, mes douleurs s'améliorent, je tolère bien, ce n'est pas si pire finalement comme médicament ! Je me dis donc que je vais plutôt prendre le comprimé LP (Libération Prolongée), qui me permettra de ne prendre qu'un comprimé matin et soir plutôt que des prises répétées tout au long de la journée.

Le lendemain, je me réveille plein d'angoisse et dans un sentiment d'urgence. Le PET scan ? C'est l'examen indispensable pour examiner l'ampleur de la tumeur et de son éventuelle dissémination. Il n'est toujours pas programmé ! J'appelle ma collègue Isabelle D et lui dis mon inquiétude. Le PET scan va montrer une extension effroyable, au vu de la taille de la tumeur, il va y en avoir partout, cerveau, poumons, abdomen… Entre deux sanglots, je lui dis que cela me terrorise cet examen. Mais je lui dis aussi qu'il faut le programmer sans tarder et que je me tiens prêt à le trouver dans le privé si on n'arrive pas à le programmer aux Hospices Civils de Lyon. Isabelle D en convient et me dit qu'en cas de non-réponse, elle m'enverra une ordonnance. Dix minutes après, je reçois un mail de la secrétaire qui m'annonce ne pas parvenir à avoir de rendez-vous aux HCL. OK, j'appelle mon cousin Bernard C, chirurgien ORL qui a longtemps travaillé dans une clinique privée de l'Ouest lyonnais. Pas de réponse à l'appel, donc je prends rendez-vous directement à la clinique de la Sauvegarde pour la semaine suivante. Efficace le privé, mais 10 jours de délai quand même ! Dans la matinée, le PET scan de l'hôpital Lyon Sud m'appelle. Un désistement lié au COVID nous permet d'avoir un créneau le lendemain matin à 11 h. Une aubaine ! Cette course contre le temps, cet activisme, cette volonté de lutter, c'est sûrement l'anxiolytique qui me convient le mieux, avec l'écriture bien sûr qui en est le traitement adjuvant le plus efficace.

Matin de pluie

Matin de pluie, couleur d'orage, fin de l'envie, douleur de rage
Manque d'air, bouffée de pleurs, odeur de terre, douche de malheur
Ma fille est malade, je le crains, plus de ballade, que le destin
On soupire de peine, on se retient, on sent une gêne, coup du malin

Il faudra bien que demain le sort, donne le regain celui du corps
Évite ce mot, la mort, refais le beau, à nouveau dévore
Va dans le vent et tourbillonne, sens le moment et carillonne

Ivre de bruit, plein de bonheur, donne la vie, franchis les heures
C'est bien l'issue, la vérité, la vertu, la félicité

Mardi 26 janvier 2022

Aujourd'hui c'est le jour du PET scan. Je me lève tranquille, en même temps que Paul qui va partir travailler. Le rendez-vous est à 11 h, il faut juste que j'aille chercher le produit de contraste à la pharmacie avant que Papa ne vienne me chercher. Il faut encore que je sois à jeun donc on oublie à nouveau le petit-déj'. Je commence à me lever tranquillement pour m'habiller et là... je sens que j'ai chaud, j'ai envie de vomir, ma vue se trouble, j'ai le temps de m'asseoir sur le lit et de dire à Paul, qui était en train d'enfiler son manteau, « Paul, ça va pas faut que tu viennes, Paul, ça va pas faut que tu viennes ». Et puis je sombre un instant. Je reviens vite à moi-même, je suis en sueurs, j'ai chaud, j'ai envie de vomir, je me sens très faible. Putain c'est le Tramadol c'est sûr ! Paul doit partir au boulot, je l'ai déjà mis en retard. Je me sens toujours mal, je n'ose même plus me lever. J'appelle Papa pour qu'il vienne un peu plus tôt et qu'il m'accompagne à la pharmacie, je ne me sens pas d'y aller seule. J'arrive à rassembler un peu d'énergie pour m'habiller. Je suis défoncée, ça tangue dans tous les sens.

Papa finit par arriver, il m'accompagne à la pharmacie. Je suis tellement vaseuse. On arrive une fois de plus en avance à l'hôpital. À peine installée dans la salle d'attente, je m'endors. Je ne tiens pas les yeux ouverts. On attend près d'une heure avant qu'une infirmière ne vienne me chercher. Elle m'installe dans un petit box, me pose un cathéter par lequel ils m'injectent pendant une heure environ de l'hydratation et le produit de contraste. Elle me pose quelques questions, j'essaie de répondre tant bien que mal. Elle doit me prendre pour une folle. Elle me recommande de rester calme pendant l'injection du produit. T'inquiète meuf, vu l'état dans lequel je suis, je me rendors direct. Elle me réveille donc une heure plus tard, c'est mon tour d'aller dans la machine. J'ai l'impression que je vais tomber dans les vapes au moindre pas. On m'installe, l'examen doit durer une trentaine de minutes. Je m'endors illico presto. Au moins, je n'aurai pas trop bougé pendant l'examen ! Je rejoins ensuite Papa qui m'attend dans la salle d'attente. Il est déjà 13 h 30, il est allé déjeuner entre-temps. On file au relais H pour m'acheter un sandwich, c'est sûr que le jeûne ne doit pas améliorer mon état. Je dévore mon sandwich dans la voiture, ça me fait du bien. Papa finit par me déposer chez moi, je retrouve enfin mon lit ! Cet après-midi j'ai la visite de mon cousin et sa femme, puis ce soir mes copines viennent prendre l'apéro. Je suis très contente de tous les voir, mais j'avoue que je suis exténuée. J'hésite à annuler. Mais je tiens bon, ça me fera du bien de voir du monde.

Mon cousin Jean-Victor et sa femme Florine arrivent, ils amènent un magnifique marbré pour le goûter avec de la mousse au chocolat. Maman est là aussi. On passe un bon moment, ils nous parlent de leur petit bébé en route (bon c'était censé être un secret), ça fait du bien enfin une nouvelle heureuse dans la famille ! Je suis tellement crevée, j'hésite à nouveau à annuler l'apéro de ce soir. Mais je tiens bon encore. Trop mignonnes, mes copines d'internat, Chloé, Morgane, Sandya, Clémence et Lélia ont cuisiné plein de choses à grignoter, elles m'apportent des fleurs. On passe un chouette moment. Et puis je commence à avoir à nouveau mal au niveau de ma cicatrice. La douleur, la fatigue, ça commence à faire beaucoup. Je me permets de congédier mes invités. Et je retrouve mon lit, enfin.

Dans cette atmosphère électrique où tout est imprévisible, je partage dans ma chair la moindre douleur thoracique, la moindre quinte de toux de Lucie. Ce matin, elle a fait un malaise vagal dix minutes après son réveil. Elle me raconte qu'hier, pour calmer ses douleurs thoraciques, elle a suivi les prescriptions faites à sa sortie de chirurgie. Elle a pris un Tramadol (morphine de synthèse...) à 14 h puis en a repris un à 20 h et un à Libération Prolongée (LP) au lever. Donc trois Tramadols en moins de 18 h ! Cela peut déclencher un tel malaise et surtout lui procurer une envie persistante de dormir. Je l'emmène au PET scan, elle dort assise dans la salle d'attente. À sa sortie, je lui demande si tout s'est bien passé :

- Je ne sais pas, je dormais, mais l'infirmière était très sympa.

D'ailleurs en partant, ladite infirmière lui fait de grands sourires et un double clin d'œil en lui disant « Bon courage ! ». Dans la voiture, elle me prévient qu'à la suite de cet examen, elle est radioactive. On lui a injecté un traceur de médecine nucléaire, le 18 FDG, qui permet la détection du produit dans les tumeurs actives. Elle me dit qu'elle doit avoir rendez-vous avec son cousin Jean Victor et sa femme Florine cet après-midi. Nous venons d'apprendre que Florine est enceinte et qu'elle ne doit pas côtoyer quelqu'un qui a reçu un produit radio actif. Elle la prévient, mais finalement, Jean Victor et Florine viendront tous les deux, avec Isabelle, pour passer un bon moment avec Lucie, parler de cette naissance à venir, de ce bonheur imminent qui adoucit la peine et donne l'espoir du meilleur. Le soir elle reçoit des copines à l'apéro qui la couvrent de cadeaux sympas. L'entourage se révèle de plus en plus soutenant, proche et chaleureux.

Jeudi 27 janvier 2022

Le lendemain, un rendez-vous chez la psychiatre Dr F-B, qui commence à être renommée dans la famille. Elle a vu toutes les filles en suivi psy. Chacune apprécie le côté doux et pragmatique de sa prise en charge. Lucie apprécie sans excès et nous déclare que cela va bien quand même ! Elle sous-entend qu'elle n'est pas dépressive non plus ! Après cela, nous sommes dans l'attente du rendez-vous avec le Pr G, l'hématologue qui va la prendre en charge. On sait qu'il a toutes les données en main : l'anapath, le PET scan, la biologie, tout ce qui va faire que les nouvelles seront bonnes, à moitié bonnes ou franchement mauvaises.

C'est ce rendez-vous qui va donner le ton pour les six mois à venir. J'attends cette rencontre avec une tension mêlée de pessimisme, cette stratégie qui consiste à s'attendre au pire pour espérer le meilleur. Deux options : le Hodgkin, lymphome de pronostic plutôt favorable ou le méchant lymphome B à grandes cellules, plus agressif dans sa forme médiastinale étendue. L'un et l'autre semblent avoir le même pronostic selon les hématologues, mais incontestablement on aurait une grosse préférence pour le Hodgkin. C'est sur ces pensées incantatoires que je me couche en visualisant Lucie qui tousse beaucoup et a mal au thorax. Cette toux, ces douleurs, je les ressens comme miennes. Je les internalise en silence pour ne pas transmettre en plus ces ressentis à mes enfants Eugénie, Paul Rémi ou Isabelle, mon épouse.

Jour de pause aujourd'hui. Je n'ai « que » mon rendez-vous avec ma psy, que j'avais déjà vue à plusieurs reprises ces dernières années. Je ne me lève pas bien tard, réveillée par la douleur. Je décide tout de même de prendre un Tramadol, je n'ai pas d'autre antalgique à la maison et j'ai assez mal. Paul m'amène mon petit-déj' au lit, manger une bonne part de marbré avant de me mettre debout m'empêchera sûrement un second malaise... J'arrive à me lever, je me sens quand même mieux qu'hier. Je me dis que je pourrais aller chez la psy à pied, un peu d'exercice me ferait du bien. Et puis au fur et à mesure que je me prépare, je sens mon niveau d'énergie diminuer, je recommence à être un peu endormie (merci le Tramadol...). Je finis par abdiquer, je commande un Uber pour y aller...

Le rendez-vous se passe bien, elle me donne quelques conseils. Et puis finalement... je rentre à pied ! Allez, petite victoire du jour ! Ça me fait un bien fou, il faut dire que je n'ai pas beaucoup vu le ciel ces derniers jours. Je prends mon temps, j'y vais à mon rythme, je suis quand même un peu essoufflée. Mais j'arrive finalement à destination ! Catherine, la mère de Paul, m'y attend. Elle est venue de Valence pour déjeuner avec moi et m'aider un peu dans la gestion du quotidien. Le soir, nous dînons tous ensemble avec mes parents, ceux de Paul, et Eugénie qui arrive tout juste de Paris. Repas sur le thème de la truffe, que les parents de Paul ramassent dans le jardin de leur maison drômoise. Foie gras en entrée, feuilleté à la truffe en plat, crumble fait par maman en dessert. Un vrai festin ! Je suis un peu éteinte, je suis encore assez fatiguée et je recommence à avoir mal. Heureusement, on ne finit pas trop tard le dîner. Et je peux retrouver mon lit. Me coucher est à la fois un soulagement et une épreuve. Je sais que je vais pouvoir reprendre des forces et en même temps, je suis assez inconfortable allongée, mes douleurs sont majorées, je tousse... Bref, les nuits sont encore compliquées.

Mes coups de fil aux amis ou à la famille proche sont rares et courts. Je suis un taiseux quoi que l'on en dise. Je parle beaucoup moins qu'Isabelle ou les filles en général. Je fais une visio WhatsApp avec mes très bons amis Philippe et Véronique P, Philippe est le parrain de Lucie. Cet appel, ce récit, me secoue de sanglots cloniques. En leur racontant les événements, je parviens difficilement à taire ma peine tout en admettant que c'est avec eux, ou grâce à eux, que je pleure vraiment pour la première fois et que je le ressens comme salutaire. J'appelle ensuite Isabelle D, ma collègue interniste pour lui exprimer mes craintes sur le bilan d'extension donné par le PET scan. Elle me rassure, emploie des mots doux et appropriés, sûrement une longue habitude pour elle qui traite des enfants atteints de mucoviscidose, maladie chronique et grave. Elle me rassérène même si l'anxiété du rendez-vous avec l'hémato demeure.

La question m'a taraudé toute la semaine, est-ce que j'en parle tout de suite à mes frères et sœurs ? Après réflexion, je me décide à attendre le résultat final donné par le service d'hématologie. Je préfère partager des éléments sûrs, ne pas avoir à répéter des infos, ou à organiser un mauvais suspense au sein de la famille. Je me prépare à livrer tout d'un coup dans un mail complet avec l'information précise. J'appelle Marc M, ami médecin de longue date et toujours là dans les moments difficiles, la fin de vie de mon père, de ma mère… Il me parle tout de suite de l'histoire de son ami de faculté, ophtalmologiste, atteint de lymphome à l'âge de 25 ans. Il a complètement guéri et a mené une vie normale. J'ignore à peu près tout de lui, mais son histoire me fait du bien même si elle est trop distincte de la nôtre.

Vendredi 28 janvier 2022

Le grand jour. Le premier rendez-vous avec l'hématologue. L'annonce. On va savoir à quelle sauce je vais être mangée. Je ne me sens pas trop stressée. Je sais en fait ce qu'on va me dire : c'est un lymphome, je vais avoir de la chimio. Dad, en fidèle compagnon, vient me chercher pour m'accompagner. On commence à connaître le chemin jusqu'à Lyon Sud !

On commence cette matinée par une échographie cardiaque. Mon rendez-vous est à 9 h 30 et celui avec l'hématologue à 10 h. On fait exprès d'arriver en avance pour être sûrs de passer à l'heure et de ne pas avoir de retard à cette consultation d'annonce tant attendue. À notre arrivée, les secrétaires nous disent que les médecins sont en colloque, c'est mauvais signe... Puis s'ensuit une scène tout à fait classique à l'hôpital. Nous sommes seuls en salle d'attente, aucun autre patient, il ne se passe rien. Les secrétaires sont là. Elles sont d'abord 4. Puis cinq, puis six. Et elles piaillent. Elles se plaignent. Mon Dieu trop de travail. Mon dieu il y a un problème de planning. Rolala et tous les arrêts maladie en ce moment. C'est une catastrophe. On est débordées. On ne s'en sort plus. Horreur, enfer, damnation, mais quelle horrible vie on mène ! Voilà. Elles sont le cul sur leur siège, à ne rien faire. Et elles râlent. Deux choses me viennent en tête à ce moment-là. Putain qu'est-ce que l'hôpital tournerait mieux avec des gens motivés et travailleurs plutôt qu'avec ceux qui passent pour certains plus de temps à se plaindre qu'à travailler. Et deuxième chose, j'ai envie d'aller leur dire à ces connasses que j'ai 24 ans, j'ai envie d'aller leur cracher à la gueule que j'ai un lymphome, j'ai envie de leur envoyer en pleine poire les mois de chimio que je vais devoir affronter. Ça, c'est une vie de merde. Là, il y a de quoi râler. Mais évidemment, je m'abstiens de tout ça.

9 h 32, le cardiologue est en retard. Dad s'agite, il va expliquer notre situation à la secrétaire, glisse qu'il est chef de service et demande à ce qu'on dérange le cardiologue. La secrétaire s'exécute, le cardiologue arrive, la mine énervée en mode « Qui est le connard qui ose me déranger pour une pauvre écho cœur ? ». On finit par m'installer et le gars se met au boulot. Il jette un œil à mon dossier et me fait l'écho, dans un silence un peu tendu. A priori tout va bien, un léger décollement péricardique, mais sans épanchement, bonne fonction ventriculaire. C'est parfait.

C'est vendredi, c'est le jour J. On part à Lyon Sud avec Lucie pour le rendez-vous d'hémato. Évidemment, et comme d'habitude, on a bien 45 minutes d'avance. La première étape, c'est l'échographie cardiaque dans le bâtiment des consultations. Après avoir obtenu auprès d'un interne le code d'entrée dans le parking professionnel, nous arrivons à 9 h pétantes dans la salle d'attente des consultations, c'est-à-dire avec 30 minutes d'avance. On se fait connaître à l'accueil des consultations et je ne manque pas de demander si Lucie peut être vue un peu à l'avance, car elle a son rendez-vous suivant à 10 h en hématologie. La secrétaire, déjà excédée à cette heure, nous dit qu'« ils sont en colloque » et que l'on peut, voire que l'on doit attendre. Un peu irrités, on va s'asseoir avec Lucie et on assiste encore plus agacés et tendus à toute la discussion des quatre personnes qui sont à l'accueil de la consultation. Cela va durer trente longues minutes remplies de plaintes, de jérémiades et de ton scandalisé pour dire qu'il manque du personnel, une organisation « de merde » et cela devant les cinq personnes qui attendent maintenant dans la salle du même nom. Elles seront bientôt rejointes par deux autres soignants, un mug de café à la main pour bien nous faire la démonstration qu'à l'hôpital on est DE-BOR-DES ! À 9 h 32 je vais voir la secrétaire, je me fais connaître avec ma carte des HCL de Dr Colin Chef de Service et je lui explique que ma fille ici présente est atteinte d'un lymphome, qu'elle va avoir sa consultation d'annonce à 10 h et que c'est suffisamment dur comme ça pour avoir à supporter en plus des retards qui n'ont pas lieu d'être.

— Mais ils sont en colloque !

— Dites-leur que c'est de ma part, Pr Colin, Chef de Service…

Deux minutes plus tard, le cardiologue arrive et fait entrer Lucie non sans me jeter un regard noir et fuyant avant de s'engouffrer dans la salle d'examen avec Lucie. Visiblement agacé d'avoir été dérangé par la secrétaire, il s'exécute de mauvaise grâce. Mais qu'importe, Lucie ressort au bout de 20 min et le résultat est plutôt bon. La fonction du ventricule gauche est correcte, pas d'épanchement péricardique, on n'en demande pas plus. On part à la consultation avec l'avantage de cette nouvelle rassurante. Je ne peux m'empêcher d'avoir quelques pensées négatives que je ne livre pas à Lucie. Le cardiologue, a-t-il fait un examen soigneux compte tenu de son agacement à avoir été dérangé. Pensée inutile… tais – toi.

On file donc au rendez-vous d'hémato, ce n'est pas trop loin, on est just on time. Le Pr G. nous accueille avec Anne-Sophie, l'infirmière coordinatrice. Il est très gentil, très doux, il semble très humain. Il me pose à nouveau quelques questions sur mes symptômes, il m'examine. Et puis on entre dans le vif du sujet, il nous donne les résultats des différents examens des derniers jours. Résultat de la biopsie d'abord : c'est un lymphome B diffus à grandes cellules primitif du médiastin. Et bim. Premier coup dur. Moi je pensais que ce serait un lymphome de Hodgkin, un sous-type de lymphome à très bon pronostic avec plus de 90 % de survie. Ça aurait été trop facile, il faut que je me retrouve avec ce machin méchant et beaucoup plus agressif… Le Pr G. me rassure, selon lui, le pronostic final est le même, ce type de lymphome nécessite juste des chimios plus agressives. Bon ok, je vais en chier, mais à terme ça devrait aller. Je suis ravie. On enchaîne avec le résultat du PET scan, il nous montre l'image. Nos regards sont d'emblée captivés par cette imposante masse d'un noir intense. On y distingue donc ma patate et deux autres ganglions, localisés au-dessus du diaphragme. Bon ce n'est pas si mal. Même si ma patate fait déjà 13 cm de diamètre, la maladie est finalement encore assez circonscrite et n'a pas encore contaminé le reste de mon organisme. Très bien, enfin une nouvelle correcte. Maintenant, le plan d'action. Chimio. Tous les 15 jours. Pendant 6 mois. 2 mois de chimio agressive puis 4 mois a priori plus gentils. Putain 6 mois quand même, 12 cures. Il m'explique le détail, me fait des schémas. D'abord 4 cures de R-ACVBP en phase d'initiation puis 2 cures de Méthotrexate, 4 cures de R-Holoxan VP16 puis 2 cures d'Aracytine. Je hoche la tête en entendant tous ces noms barbares qui me sont vaguement familiers, que je me souviens avoir lus rapidement dans mes cours d'externe. Je m'accroche à quelques questions concrètes, à quelle famille de chimio cela appartient ? Quels en sont les effets indésirables les plus fréquents ?

Puis mes yeux commencent à s'embrumer. Je ne sais pas ce qu'il a dit à ce moment-là, est-ce l'évocation de la perte des cheveux ou de je ne sais quel autre effet secondaire qui a fait déborder le vase ? Je ne sais plus bien, mais je ne peux plus m'arrêter. Là c'en est trop. La fin de la consultation est déjà floue dans ma mémoire, un gloubiboulga d'informations que je n'étais plus prête à recevoir. Le Pr G. conclut finalement la consultation, il me met sous corticoïdes dans l'espoir de soulager mes symptômes, il me donne un gros dossier pour être incluse dans une étude observationnelle. Dad pose quelques questions : est-ce que le fait d'être médecin constitue un surrisque de contracter ce genre de maladie ? Il ne répond ni oui ni non, pas impossible. Putain si j'avais su j'aurais changé de vocation. Puis Dad demande si j'aurai le droit de boire de l'alcool pendant les traitements. Sa question me fait rire a posteriori : le gars vient d'apprendre que sa fille avait un cancer et qu'elle allait se prendre 6 mois de chimio dans la gueule, et sa seule préoccupation est de savoir si je vais pouvoir me pinter la gueule ces prochaines semaines !

Une infirmière me fait ensuite une prise de sang. Anne-Sophie m'apporte un petit jus d'orange pour me remettre. Sympa Anne-So ! Elle nous prend ensuite à part avec Papa dans un petit bureau. Elle nous explique qu'il existe un dispositif nommé AJA, dédié aux Ados et Jeunes Adultes atteints de cancer, qu'elle coordonne au niveau du service d'hémato. Plusieurs professionnels peuvent intervenir dans ce cadre : prof d'activité physique adaptée, socio-esthéticienne, coiffeuse, réflexologue plantaire... Elle me sort un énorme classeur plein de documentations, une espèce de « Wellcome pack » du cancéreux : « Mon cancer au quotidien », « Cancer et sexualité », « Comment gérer la perte des cheveux »... Putain mes cheveux... C'est reparti pour le flot de larmes. Je pleure à gros sanglots. Putain être chauve à 24 ans quoi... C'est dur. Une chauve de plus dans la famille, Dad me donnera des conseils sur l'entretien des crânes d'œuf... Bon je me calme un peu, Anne-Sophie continue à m'expliquer plein de choses, elle me laisse son 06. Elle m'a fait très bonne impression, gentille, attentionnée. Je serai bien accompagnée, c'est déjà ça !

On arrive à la consultation, on entre sans grande assurance, mais a priori en confiance. Avec l'image du scanner encore dans la mémoire rétinienne, accompagnée d'un souvenir effarouché, l'hématologue Pr G nous expose d'emblée l'image du PET scan. Cette masse qui prend tout le médiastin, blanche sur le scanner, est ici toute noire, avec deux points de couleur arc-en-ciel au-dessus et en dessous de la tumeur.

— Oui, il y a deux ganglions de petite taille, mais cela ne change rien au stade de la maladie.

Mais au fait de quelle maladie parle-t-on ?

— Non, ce n'est pas un Hodgkin, c'est un lymphome B à grandes cellules, un lymphome agressif, une forme très médiastinale que nous avons déjà vue chez la jeune femme.

Lucie est en pleurs, elle comprend instantanément et ressent de plein fouet la nouvelle, c'est le lymphome le plus agressif et il y a déjà deux extensions à cette masse médiastinale que l'on a l'occasion de voir dans toute sa noirceur. Je tiens Lucie par l'épaule, je lui prends le bras. Je sais que je ne peux pas empêcher cette peine, ce mal qui l'habite et qui lui procure ces douleurs tenaces. Et puis il y a cette insolente sensation de malchance qui lui tombe dessus, qui s'agrippe à ses tissus, son cœur, ses poumons. Cette injustice inique qui vient lui gâcher ce splendide début de vie qui est le sien.

Le moment d'après, c'est la rencontre avec Anne Sophie, l'infirmière sur qui Lucie peut compter à n'importe quel moment de son parcours de combattante. Pendant ce long chemin de peines et d'effets secondaires qui va marquer au moins les six prochains mois de sa vie. Anne So est très sympa, mais à chaque fois qu'elle évoque la prévisible chute des cheveux, Lucie éclate en sanglots, exprime sa peine, le désarroi d'être face à une maladie qui lui ôtera une partie de sa féminité. À nouveau, je ne sais pas comment adoucir cette peine, la rendre plus acceptable, lui trouver une issue positive vers moins de souffrance et de perte d'image de soi.

On repart donc, je n'arrive pas à retenir mes larmes. On rentre à la maison. Je suis un peu dans le flou, je ne sais plus trop quoi penser, quoi ressentir. Tout se mélange. Eugénie est à la maison à notre arrivée. Je lui explique tout. Je pleure. Puis Maman rentre. Je lui explique tout. Je pleure. J'ai l'impression d'avoir gardé un peu mes larmes ces derniers jours, mais alors maintenant que les vannes sont ouvertes, je n'arrive plus à les refermer. Après déjeuner, je commence à lire tous les docs qu'Anne-Sophie m'a donnés. Il y a de quoi faire : gestion de la fatigue, activité physique, adapter son alimentation, acheter une perruque, protéger ses ongles, adapter sa sexualité... vaste programme. Je finis par m'assoupir, épuisée par toutes ces émotions.

L'après-midi, Auriane, mon ancienne coloc, vient me rendre visite. Elle m'offre un joli coffret bien-être. Trop sympa ! Je me sens un peu essoufflée après avoir tant papoté. Et puis Paul finit par nous rejoindre. Je lui raconte ma journée forte en émotions. Je suis contente qu'il soit là. Mais il doit rapidement partir, il part à un week-end de ski avec des copains. Je ne me sens pas d'y aller, mais j'insiste pour qu'il y aille. Il faut qu'il prenne l'air, qu'il se dégourdisse les jambes.

Rester enfermé comme un lion en cage ne nous rendra service ni à l'un ni à l'autre. Il finit donc par partir. Je fais la maligne, mais en vrai il va me manquer. La soirée passe vite, je suis exténuée. Je vais me coucher tôt après cette éprouvante journée.

Puis vient le temps de l'attente, les coups de fil réconfortants des amis chers, Marc M, Nadine B, les mots d'Eugénie, les étreintes avec Isabelle, les mauvaises blagues avec Paul-Rémi. Tout compte pour adoucir notre tristesse collective. On se parle à voix basse, dans un souffle pour ignorer l'effroi, chasser le froid en se blottissant les uns contre les autres. La chimiothérapie sera démarrée lundi, c'est Anne-Sophie qui l'a dit. Quel courage faut-il mobiliser pour envisager ces moments de nausée, de souffrance et de fatigue ? On a cette tentation du déni, l'envie de ne rien entendre, de ne rien comprendre et de penser qu'il ne s'est rien passé. Est-ce un mauvais rêve, un film nul et non avenu, une histoire non crédible, un roman de gare illisible ? Mais non, tout cela est vrai, une vraie fille pleine de vie qui contracte une vraie maladie entre son cœur et ses deux poumons. Une réalité pure et dure, une menace de perte de vie et d'âme, une injustice inique et scandaleuse, une perte d'innocence. C'est l'arrêt brutal de l'insouciance, l'interruption d'un bonheur simple d'une fille accomplie et heureuse. Pourquoi cette infamie ? Pourquoi cette sale maladie ?

Morose

Se sentir morose, être tout le temps en pause
Cette lassitude qui pèse sur l'être, oblige au paraître
Ce sentiment diffus et persistant, impersonnel et pénétrant
Qui ne laisse ni repos ni quiétude, chasse l'esprit de l'habitude

Une impatience de la psyché, permanence de pénibilité
Je vais toucher le fond, sentir la lie, crever d'envie, chercher le rebond
Éviter les miasmes, éliminer la vase, sortir d'un spasme
Continuer à nager, ressentir l'air et inspirer

Donne-moi la force, perce l'écorce
Du fort des halles, du bandit corse
Du père robuste, du roc altier, belle figure
Qui sait conduire, aussi mener cette aventure

On doit poursuivre avec du sens, avec ce goût d'éternité
Persuadé que tout humain a pour seule envie d'aimer

Bon je commence à deviner vos regards un peu interloqués. Je sens que vous commencez à vous dire que je suis relou à me la péter avec des termes médicaux compliqués. Je vous entends d'ici dire que vous allez vite arrêter de lire ce bouquin si ça continue comme ça. Je crois qu'un petit passage de vulgarisation médicale s'impose ! Attention Michel Cymes n'a qu'à bien se tenir ! Nous allons donc commencer notre première leçon par les thèmes suivants : le lymphome et la chimiothérapie. Le lymphome est un cancer (scoop du jour, c'est bon ça on sait vous allez me dire) qui atteint les lymphocytes (haha un mot que vous ne connaissez pas, là vous faites moins les malins !). Pour faire simple, retenez qu'il y a deux grands types de globules blancs : les lymphocytes et les polynucléaires neutrophiles (aussi surnommés PNN). J'ai l'impression de faire un épisode de « Voici la vie », vous savez le dessin animé où ils expliquent le corps humain avec des petits personnages, j'adore.

Vous savez sûrement que les globules blancs sont les cellules qui s'occupent de nous défendre et pour schématiser, les lymphocytes s'occupent de nous défendre contre les virus et les PNN contre les bactéries. Donc dans le lymphome, ce sont les lymphocytes qui sont malades. Et ces lymphocytes malades se baladent un peu partout, dans le sang, dans la lymphe et vont classiquement se poser dans les ganglions. On a des ganglions un peu partout, dont la majorité ne se voit pas et un des symptômes classiques du lymphome est l'apparition peu habituelle de ganglions, plus ou moins volumineux à différentes localisations (le cou, les aisselles, dans le pli de l'aine,...). Mais vu que je ne suis pas quelqu'un de classique, mes lymphocytes malades sont eux allés se caler dans mon médiastin. Le médiastin késako ? C'est une zone située au milieu du thorax, entre les deux poumons, où se trouvent quelques organes un peu utiles genre le cœur, les gros vaisseaux comme l'aorte, les vaisseaux pulmonaires, la trachée qui va aux poumons, l'œsophage qui va à l'estomac. Bref, zone un peu stratégique où il faut essayer d'éviter d'avoir une tumeur. Ma masse de 10 cm par 13 cm de lymphocytes malades se trouve donc là, au contact de mon petit cœur. Par chance, le diagnostic a été fait à un stade où il n'y avait pas d'invasion du cœur ni des gros vaisseaux, sinon ça aurait pu être vraiment pas drôle...

Parlons un peu maintenant de chimiothérapie. En gros, les cellules cancéreuses sont des cellules à renouvellement rapide. Elles se multiplient à grande vitesse et envahissent rapidement ce qu'il y a autour. Du coup, le principe de la chimiothérapie est d'aller bloquer cette multiplication des cellules. Il existe une multitude de chimiothérapies différentes, qui visent différentes étapes de la réplication des cellules, et parviennent par ce mécanisme à dégommer les cellules méchantes. Seul petit détail pas commode : on n'a pas réussi à créer des chimios qui ne s'attaquent qu'aux cellules cancéreuses. Du coup, elles s'attaquent à toutes les cellules à renouvellement rapide de notre corps. Notamment... les cheveux ! Mais aussi la peau qui peut être abîmée, la muqueuse de la bouche qui est beaucoup plus sensible, etc. Et les chimios s'attaquent également à tous les composants du sang à savoir les globules blancs (surtout les PNN), les globules rouges et les plaquettes. Ce qui explique tout d'abord qu'à chaque cure, on passe par une phase d'aplasie (retenez bien ce mot, vous le retrouverez de nombreuses fois dans cet ouvrage !) : c'est une phase où tous les PNN ont été tués par la chimio et où on n'a donc plus aucun moyen de défense. Ces périodes sont donc à très fort risque d'infection puisque si on chope le moindre miasme, on ne pourra pas se défendre contre lui. Vous avez tout pigé ? On peut continuer le récit.

Samedi 29 janvier 2022

Je suis un peu groggy ce matin, fatiguée dès le lever. Je ne fais pas grand-chose de la matinée, je suis seule avec mon frère chez les parents. On reçoit ma copine de lycée Camille ce midi. On a prévu un méga repas crêpe, ça me fait plaisir. Alors je me pète le bide. Quand j'ai demandé hier au Pr G. si j'allais perdre du poids avec la chimio, il m'a répondu que globalement à partir de maintenant, il fallait que je mange « ce que je veux quand je veux ». Ce n'était peut-être pas tout à fait ses mots exacts, mais en tout cas c'est ce que j'ai retenu et ce que je suis bien décidée à mettre en œuvre ! Comme dit Paul, il faut lutter contre la dénutrition ! Même si à ce stade, on ne peut pas franchement dire que je sois dénutrie, je n'ai pas du tout perdu de poids ces derniers temps. On papote ensuite avec Camille, je sens que je peux me confier à elle. Elle fait partie de ce genre d'amie à la fois discrète, ne voulant pas s'imposer, mais toujours présente quand il le faut. On parle avec simplicité, elle n'a ni la forte inquiétude que peuvent avoir les membres de ma famille ni cette forme de pitié dont certains abusent maintenant que je suis malade. Je lui raconte donc le traitement prévu, les longs mois qui m'attendent, la perte des cheveux à venir. Et je pleure... C'est dur. Et puis on part faire un peu de shopping pour se distraire. Elle m'accompagne à la pharmacie acheter un vernis à ongles spécial cancéreux. Oui moi aussi j'ignorais leur existence, ils contiennent du silicium, censé renforcer les ongles et prévenir les effets que peuvent avoir certaines chimios. On passe aussi acheter une jolie boîte fleurie pour mettre mes médicaments. Ça y est, je suis une cancéreuse bien équipée ! Bon on fait aussi quelques boutiques de fringues, Camille essaie des choses. Moi je fatigue vite et je me sens assez essoufflée, je cherche à m'asseoir dès que possible, comme les petites mémés. Je décide donc de rentrer, j'ai besoin de me poser.

Je suis un peu plus en forme le soir après une petite sieste. On regarde une comédie française à la télé, j'arrive à tenir jusqu'à la fin du film ! Maman vient me voir dans mon lit avant que je m'endorme, comme quand j'étais petite. Et même pas si petite d'ailleurs, nous avons toujours eu cette tradition du coucher, au moins jusqu'à mes 15-16 ans je dirais : une fois dans mon lit, j'appelais Papa puis Maman pour qu'ils me fassent un bisou et me disent bonne nuit. L'occasion d'un moment de tendresse, parfois rapide et mécanique, parfois prolongé et donnant lieu à des confidences sur l'oreiller. Elle vient donc me voir pour me souhaiter une bonne nuit et fond en larmes. Je ne résiste pas non plus. J'ai pour l'instant tant de mal à me confier à elle, à Papa, à Eugénie. Je sens leur inquiétude tellement palpable, je les sens si vulnérables face à l'ouragan qui ravage nos vies. Je ne veux pas leur ajouter de la peine. Je n'arrive pas à gérer leur émotion en plus de la mienne.

Dimanche 30 janvier 2022

Je me lève un peu plus en forme aujourd'hui. Je passe une matinée tranquille, je vais au marché avec Paul-Rémi et Papa. Puis l'après-midi, nous allons rendre visite à Papy. Veuf depuis seulement quelques semaines, voilà qu'une nouvelle tragédie frappe sa famille. Il a l'air inquiet pour moi. Je ne sais pas s'il mesure vraiment ce qui m'arrive. Mais ça me fait de la peine de tous les inquiéter. Je vois bien que chaque accès de toux est autant de poignards qui se plantent avec violence dans le cœur de Papa et Maman. Ils meurent d'inquiétude, même s'ils essaient de ne pas trop le montrer. On passe tout de même un bon moment avec Papy qui, comme à son habitude, nous propose à l'heure du goûter un petit rosé, un porto, un pastis… « Un petit jus de fruits suffira Papy ! ». Il nous montre les albums de ses nombreux voyages avec Mamie : le Mexique, Zanzibar, la Chine… L'occasion de rêver à des temps plus heureux. Quand tout ça sera fini, j'aimerais bien partir avec Paul faire un grand voyage.

On finit par rentrer, Dad me ramène chez moi. J'attends Paul qui doit rentrer de son week-end au ski. Je téléphone à Sophie, ma marraine, qui n'est pas encore au courant de tout ce qui m'arrive. Je tiens à l'en informer moi-même. J'appelle ensuite Morgane et Julien, deux de mes co-internes pendant mon semestre en néonatologie. Ils sont en ménage à 4 chez Morgane avec leurs conjoints respectifs pour quelques jours, le temps que Julien et sa copine finissent les travaux de leur nouvel appartement. Ça me fait du bien de leur parler, ils sont de super humeur. On parle ouvertement de ma maladie, on en rigole presque. Julien est de bon conseil, il est en ce moment en stage à l'IHOP (Institut d'Hémato-Oncologie Pédiatrique), service où sont soignés les enfants atteints de cancer.

Et puis Paul rentre enfin. Il est ravi de son week-end, je suis contente pour lui. Et je suis heureuse de le retrouver. On se raconte nos week-ends. Bon il faut avouer que le sien est un peu plus palpitant que le mien. Ils ont beaucoup parlé de moi avec ses copains puisqu'ils connaissent personnellement des gens qui ont eu des lymphomes. Le frère de son copain Etienne a eu un lymphome de Hodgkin diagnostiqué tardivement vers l'âge de 20 ans. Et Octavia a une de ses co-internes qui a eu la même chose l'année dernière. Comme quoi, ce n'est pas si rare que ça. Paul a l'air préoccupé. Etienne et Octavia lui ont a priori tenu des discours assez alarmistes sur les effets secondaires des chimios et sur les précautions à prendre pendant les périodes d'aplasie. Attention aux infections qui peuvent devenir graves. Attention au COVID. Attention à mon alimentation, qui peut aussi être vectrice de pathogènes. « Comme un régime de femme enceinte », il me dit, « comme ça tu sauras déjà faire. » Ma gorge se serre à cette évocation. « De toute façon je n'aurai jamais d'enfants », je réponds. Et je craque. C'est évidemment une des choses qui m'angoisse le plus dans toute cette histoire. Mes ovaires. Toutes les chimiothérapies altèrent la fertilité, à différents degrés. Et apparemment, les miennes seront plutôt agressives. Et ça me panique.

Je pense qu'on n'est pas toutes à égalité face à l'instinct maternel. Eh bien moi, je pense avoir un instinct maternel surdéveloppé. Je me revois enfant m'occuper de mes poupées comme si elles étaient de vrais enfants. Camille, Alice, Julia et Valentine. Tous les matins, avant de partir à l'école, je les habillais, je les déposais chacune à un coin de ma chambre, chaque coin symbolisant la crèche ou l'école maternelle. En rentrant de l'école le midi je leur donnais à manger dans ma splendide chaise haute de poupée, et en rentrant de l'école le soir je leur donnais un bain, je les mettais en pyjama, je les couchais chacune dans leur berceau. Nulle part je ne me déplaçais sans l'une d'elles. Chez Papy et Mamie, j'emmenais Julia, me plaignant à Mamie de ses rhumes récents comme le ferait une maman avec son bébé. Et je les emmenais en vacances, à la plage, recouvrant leur petit crâne en plastique d'un foulard pour pas qu'elles ne prennent trop le soleil. Je ne sais pas d'où me vient cette envie de materner, de pouponner. Peut-être de la frustration d'être restée la petite dernière et de n'avoir jamais eu de petite sœur, malgré mes demandes insistantes auprès des parents ? En tout cas, j'ai toujours été à l'aise avec les enfants, préférant souvent la compagnie des plus petits à celle des adultes lors de nos réunions de famille. Pas un hasard que j'ai choisi la pédiatrie... Et quand je vois le temps que je passe sur Instagram à mater des vidéos drôles de bébé... c'est la panique. J'ai toujours eu une grande peur dans la vie : celle de ne pas pouvoir avoir d'enfants. Bon, je ne suis pas encore stérile, on ne va pas s'emballer. Mais quand même, on ne va pas se mentir, mes chances de procréation seront réduites par tous ces traitements. J'ai rendez-vous avec une gynécologue spécialisée dans la préservation de la fertilité cette semaine. Paul va m'accompagner. Mais a priori, selon le Pr G., on ne fera rien, cela retarderait trop le début de ma chimio. Je crois que je n'aurai plus qu'à croiser les doigts et à prier très fort le Dieu de l'Utérus...

Paul me console, il sait trouver les mots. Il me dit que tout ça lui fait prendre du recul et qu'il réalise des choses. Tu réalises quoi ? « Que je veux que tu sois la maman de mes enfants. » Si ça ce n'est pas de la déclaration ! Je chiale de plus belle, à la fois émue et triste. Il est incroyable. Notre couple n'a pas été un fleuve tranquille ces derniers mois. Mais face à l'épreuve, je n'imagine pas être sans lui. Comme quoi, les difficultés nous ramènent à l'essentiel. On s'aime. Point. Et on va traverser tout ça ensemble, et on en sortira plus forts ! En revanche pour les mioches, on verra plus tard... !

Mardi 1er février 2022

Je vais bien. Je me sens bien. Les corticoïdes prescrits par le Pr G. commencent à faire effet. Je n'ai quasiment plus de douleurs, je ne tousse plus, j'ai plus d'énergie, magiques les corticos ! Je rentre dans la phase que j'appelle ma lune de miel. Comme les diabétiques, qui peu de temps après le diagnostic, connaissent souvent une accalmie de leur maladie leur permettant de se passer un temps des traitements. Je sais que je suis malade et que je vais en prendre plein la gueule, mais pour l'instant ça va et je peux mener une vie à peu près normale. J'ai bien dit « à peu près ». Je découvre le bonheur de faire du shopping tranquillou le lundi matin plutôt que le samedi aprèm, je regarde des séries, j'écris, je commence une broderie, je cuisine. Et je suis plutôt de bonne humeur, je profite de l'instant présent sans trop d'angoisse au sujet de la suite. Je fais un peu l'autruche et honnêtement ça me fait du bien. Et puis je vois plein de copains : apéro avec Lélia, resto libanais avec Romane, apéro dînatoire avec mes co-internes de pneumo. Ce n'est pas si mal pour l'instant la vie de cancéreux ! Même si je sais que ça ne va évidemment pas durer…

Mercredi 2 février 2022

Bon aujourd'hui, un peu de retour au sérieux. Deux grandes étapes m'attendent : le choix de la perruque et le rendez-vous avec la gynécologue. Vaste programme de réjouissances... J'appréhende cette journée. Pour le moment, perdre mes cheveux et bousiller mes ovaires sont mes deux plus grandes angoisses. Heureusement, Paul a pu prendre sa journée et va m'accompagner.

Allez, on commence par la boutique de perruques. J'ai pris soin de prendre rendez-vous dans une boutique spécialisée, qu'Anne-Sophie, mon infirmière référente, m'a recommandée. Nous arrivons donc dans cette petite boutique du début de l'avenue Berthelot, très coquette et bien décorée. Il y a des perruques, des foulards, de la lingerie, du maquillage, tout ce qu'il faut pour se faire belle ! Nous sommes très gentiment accueillis par Jérôme, 20 ans de métier, très professionnel et qui m'a l'air de très bon conseil. Il nous installe dans une jolie loge à l'arrière de la boutique, face à un miroir entouré d'ampoules (comme les stars). Il met un petit filet sur mes cheveux et commence à me faire essayer des perruques. Il commence par des coupes courtes. C'est moche. Il enchaîne avec des coupes carrées. C'est moche aussi. Toutes ces perruques semblent brushingées à l'extrême, encerclant le visage de façon si peu naturelle. Rien ne me plaît vraiment, je suis un peu dépitée. Mais je commence tout de même à me détendre, il y a aussi un côté un peu marrant d'essayer toutes ces coupes et de changer de tête si rapidement. Finalement, Jérôme me fait essayer une coupe plus longue et plus naturelle, moins coiffée. Bingo Jérôme ! Ce n'est pas si mal... Ça ressemble déjà un peu plus à ma coupe habituelle. Il m'explique que celle-ci est en cheveux naturels. Le prix ? 1600 €. Ah oui d'accord. Ok. Bon on va y réfléchir. Une alternative peut-être ? Évidemment, Jérôme a plus d'une perruque dans son sac ! Il me sort une perruque en fibre semi-synthétique, longue un peu en dessous des épaules, couleur châtain clair, un peu plus claire que ma couleur habituelle, mais j'aime bien. Je crois qu'on tient quelque chose là. Le prix ? 690 €, c'est déjà un peu plus raisonnable. Je me regarde de plain-pied, Paul prend une photo sur laquelle je parviens à esquisser un léger sourire. Mon image dans le miroir ne me choque pas trop, je crois que c'est bon signe. Adjugée vendue ! Maman me dira en voyant la photo que je ressemble à Penélope Cruz. En mieux bien sûr. Jérôme me montre ensuite les différents modèles de bonnets et foulards, pour les jours où je n'aurai pas envie de mettre la perruque. Il m'enfile son premier bonnet. Je m'exclame, sans filtre, « Ouais là ça fait vraiment cancéreux ». Il esquisse un sourire. Il m'en montre d'autres, m'explique comment nouer les foulards. Bon je ne suis pas fan, mais les possibilités sont infinies, au moins j'aurai le choix ! On valide donc notre choix, première étape de fait, pas une larme, je suis soulagée.

On décide donc, sur le chemin du retour, d'aller déjeuner au Mondrian, petit restaurant sur le quai Claude Bernard, à deux pas du Cha, notre boîte à colle pendant nos études. Nous y avions nos habitudes étant étudiants. On se retrouve donc tous les deux, comme quand nous étions jeunes amoureux et qu'on se faisait notre petit repas hebdomadaire en tête à tête, au milieu de nos révisions. C'est chouette, on y mange toujours aussi bien. On profite de cette douce nostalgie pour prendre des forces pour l'épreuve qui nous attend encore cet après-midi.

On part direction l'Hôpital Lyon Sud. On arrive en avance, dans un bâtiment pas encore rénové. La salle d'attente est un peu glauque. Le Dr R.-J., la gynécologue qui doit me recevoir, passe dans le couloir. C'est une femme élégante, elle est toute fine, son visage est doux, elle est joliment coiffée et porte un chemisier blanc très chic. Elle me fait très bonne impression et inspire la confiance. Elle est accompagnée d'une interne. Elle débute la consultation en reprenant mes antécédents, généraux et gynécologiques. Elle m'explique que les chimiothérapies sont classées en fonction de leur niveau de toxicité sur les ovaires et que de leur toxicité dépend la technique à choisir pour tenter de préserver la fertilité. Les différentes techniques possibles sont la ponction d'ovocytes pour congélation, qui nécessite 3 ou 4 semaines de stimulation hormonale au préalable, ou alors carrément la chirurgie pour prélever un ovaire entier, qui sera stimulé en laboratoire pour en extraire ensuite mes ovocytes. Ma chimiothérapie, et notamment les quatre premières cures, est de toxicité intermédiaire. Cela justifierait une ponction d'ovocyte, mais pas de prélèvement d'ovaire. Mais le Dr R.-J. me dit que la stimulation retarderait le début de la chimiothérapie, et que dans la situation dans laquelle je me trouve ce serait déraisonnable. Bon, ce que je comprends, c'est qu'il n'y a rien à faire... Elle évalue ce qu'on appelle ma réserve ovarienne, c'est-à-dire la vitalité des ovaires et le nombre de pré-ovules présents. Grâce à une échographie endo-vaginale, elle compte une vingtaine de follicules répartis entre mes deux ovaires, a priori c'est un bon score ! Conclusion : j'ai pour l'instant de bons ovaires bien remplis, mais aucune technique de préservation n'est réalisable. Elle me propose donc de remplacer ma pilule par un analogue de la GnRH qui, en induisant une ménopause artificielle, mettrait au repos mes ovaires, ce qui pourrait les préserver des effets néfastes de la chimio. L'efficacité n'est pas prouvée, mais on ne perd rien à essayer. En revanche, qui dit ménopause dit bouffées de chaleur, sécheresse vaginale, etc., le bonheur. On se reverra ensuite au moins 6 mois après la fin de la chimio pour refaire une évaluation de ma réserve ovarienne. Si elle a vraiment trop diminué, on pourra envisager à ce moment-là une ponction d'ovocytes pour sauver les derniers restants. Je lui pose la question qui tue : « Quel taux de grossesse spontanée vous avez après une chimiothérapie comme la mienne ? ». Elle botte prudemment en touche, pas de données suffisantes, elle ne peut pas me répondre. Mais elle se montre plutôt optimiste. On termine donc la consultation, plutôt contents, un peu rassurés.

On rentre enfin à la maison après cette longue journée. Deux grandes épreuves sans une larme, je m'en tire bien ! Je vais me coucher tôt, un peu assommée. J'ai mon habituel réveil nocturne vers 5 h du matin. J'ai mal à la tête, je prends un Doliprane. Et puis je gamberge. Je gamberge et je craque. Je vais me mettre au salon pour ne pas réveiller Paul, je pleure en silence. Je ne veux pas perdre mes cheveux. Pourquoi tout ça m'arrive à moi ? Je réussis à me calmer et j'essaie d'aller me recoucher. Et une fois dans le lit, rebelote. Paul finit par se réveiller. « Qu'est-ce qu'il y a ? » « Mes cheveuuuuux... » dis-je en sanglotant. Je revois cette scène dans « Les Quatre filles du Dr March », un de mes films préférés quand j'étais petite, où l'héroïne avait dû vendre sa longue chevelure et se retrouvait avec sa sœur à sangloter en pleine nuit. Je pleure à gros sanglots. Paul me serre contre lui. Heureusement qu'il est là. Je crois que toutes les émotions accumulées dans la journée finissent par exploser maintenant. Il faut bien évacuer de toute façon. Comme me dira ma psy un peu plus tard, il faut vivre sa peine.

Le vendredi matin, je me réveille plein d'idées noires. Cela fait trois semaines maintenant que le diagnostic est établi et que la tumeur continue de croître en dépit du léger traitement corticoïde que Lucie prend chaque jour. Ce week-end, elle doit aller à Valence avec Paul pour fêter l'anniversaire de Paul avec toute sa famille. Et là, l'anxiété m'envahit, me submerge même. Je vois cette tumeur qui occupe tout le médiastin, qui repousse le cœur et les poumons, qui écrase les veines pulmonaires et réduit le diamètre de l'aorte. Je me mets à psychoter, à envisager un trouble du rythme, un malaise cardio-pulmonaire, un arrêt cardiaque soudain, même si je n'en connais pas la probabilité de survenue dans ce cas. Et je me persuade moi-même que tout est possible à n'importe quel moment. La veille, j'avais ramené Lucie chez elle et elle m'avait avoué avoir toujours cette tachycardie à 120-130/min et une fièvre à 37° 5-38°, ce qui évidemment ne m'avait pas échappé. Comme elle vient manger à midi chez nous avec Paul et Isabelle, je décide de venir manger avec eux. Je commence à parler avec Isabelle, de l'imprudence de cet aller-retour à Valence, de son exposition potentielle au COVID pendant tout un repas avec sa famille, de la catastrophe que cela serait de repousser la première cure du lundi qui devient urgente. J'ai du mal à contrôler mon anxiété et à ne pas en déverser les miasmes sur toute la petite famille.

Avant même le début du repas, je m'assieds sur la table basse devant Paul et Lucie qui sont assis sur le canapé. Je commence par :

— Est-ce bien raisonnable ce repas à Valence ?

Et je poursuis en développant des arguments anxiogènes :

— Il ne faut pas dramatiser, mais on ne peut pas banaliser non plus.

Lucie, agacée, répond :

— Mais que veux-tu qu'il m'arrive ?

— Mais tout peut arriver ou presque.

Ça y est, Lucie pleure, découragée, affligée, désemparée par cette position paternelle et l'envie légitime de faire plaisir à Paul et à sa famille. Paul défend sa famille, les précautions qu'ils ont prises, tous testés COVID et négatifs. Et je persiste, soit sur un mode mutique, soit en faisant envisager le pire, un trouble cardiaque, une contamination qui rende la chimio impossible… Paul insiste sur le fait qu'il faut de bons moments familiaux pour pouvoir affronter la maladie, le traitement, les épreuves des effets secondaires. Je propose qu'elle reste à la maison, assiste au repas en visio. Paul rigole presque devant l'incongru de cette proposition.

On passe à table, j'en remets une couche, je les culpabilise sans vergogne… Lucie pleure à nouveau, Isabelle la prend dans ses bras et Lucie répète « Je ne sais plus quoi penser… Je ne sais plus… ». Le repas se termine dans une ambiance tendue puis faussement décontractée. Je les quitte pour retourner au travail, sans ajouter quoi que ce soit et j'embrasse Lucie qui me souffle : « Je vous tiens au courant de ma décision ». En partant, je sais déjà qu'elle a décidé d'y aller. Peu après mon arrivée au bureau, j'appelle Isabelle D, ma collègue interniste qui l'avait vue le premier jour. Je lui expose les faits. Elle me rassure, me remet sur le droit chemin. Elle a eu les résultats de l'échographie cardiaque, « Pas d'épanchement péricardique ». Et je reprends mes esprits. Je rappelle Lucie pour lui dire qu'elle peut y aller tranquillement tout en m'excusant de lui avoir transmis toute mon angoisse. « T'inquiète Dad, je serai prudente, je ne rentrerai pas en train comme prévu, Paul me ramènera ». Je lui propose d'aller la chercher.

Elle me rappelle le lendemain pour me demander de venir la chercher à mi-distance entre Lyon et Valence. Paul assure la première partie du trajet et je viens la chercher avec empressement. Évidemment, tout s'est bien passé et surtout Lucie a manifestement eu beaucoup de plaisir dans les bons repas et l'atmosphère chaleureuse de la famille de Paul.

Gérer, gérer le stress, apprivoiser la peur, garder la tête froide. Ne pas se laisser envahir par cette crainte de la mort, ce sentiment diffus, mais tenace que j'ai eu en regardant seul dans ma chambre, les photos de Lucie. Ces photos prises d'elle, les cheveux courts. Cette intuition irrationnelle qui s'impose à moi comme une fausse vérité : « Elle ne s'en sortira pas, elle ne s'en sortira pas… ». Cette pensée affreuse, incantatoire, conjuratoire, censée me protéger d'un éventuel pire à venir, d'un pire avenir.

Je suis heureux de la retrouver après son samedi chez les D. Nous roulons, assis côte à côte, sans évoquer ni mon angoisse de la veille ni la décision résolue de Lucie d'aller à ce repas quoique j'en dise ou pense. Ni fierté déplacée de sa part ni regret trop feint de la mienne, juste le plaisir de se retrouver tous les deux, sans l'ombre au tableau d'une crainte irraisonnée de la mort. On mange des crêpes le soir, on rit fort, on blasphème, on se plaint des uns ou des autres. On félicite la pâte, les champignons, le jambon, le fromage. On plaint ceux qui, malchanceux, ne mangent que des crêpes sucrées. On a le plaisir d'être ensemble et de vivre une chandeleur et non le chant de l'heure !

Le lendemain, je me réveille à 7 h à peu près serein. À 8 h, une anxiété diffuse me reprend. À 9 h, sous la douche, l'angoisse de la fin me reprend. J'imagine Lucie, toute froide dans son lit, moi la découvrant allongée et livide, et criant à Isabelle d'appeler le SAMU pendant que je commence le massage cardiaque et une pitoyable réanimation. Je vais à la porte de sa chambre, j'hésite… pas très longtemps, j'ouvre la porte et la découvre paisible en train de lire ses messages sur le téléphone portable. Elle, surprise : « Mais tu allais me réveiller là ! ». Moi, soulagé, mais menteur : « Non, j'ai senti que tu étais réveillée ! ».

Repas avec Papy Georges à midi, broderie l'après-midi pour elle, sieste et écriture pour moi. Isabelle dort assise toute droite dans son fauteuil, comme absorbée dans son plaisir d'être là avec nous. La voix fluette de la fille du voisin dans l'escalier, la lumière qui traverse la pièce comme pour annoncer un improbable printemps. C'est doux. Les toux sèches de Lucie nous rappellent sa présence, celle aussi de la masse médiastinale, cette masse noire et cet épanchement pleural toujours bien en place.

Marc M m'a dit au téléphone hier : « Dès la première cure, la masse fond encore plus vite qu'elle n'est venue, c'est à peine croyable… ». Je ne demande qu'à le croire, à espérer cette décroissance rapide puis cette élimination définitive, ensuite. Cette rémission complète comme le disent les hématologues, sûrs de leur science, fiers de leur expérience. Paul vient chercher Lucie en fin d'après-midi. Elle part dans un sourire simple et rassurant, presque heureuse de nous libérer de son image et de sa présence souffrante.

Paul, l'amoureux de Lucie, a eu une idée de génie, simple comme toutes les très bonnes idées. Proposer aux amis et à la famille de faire de petites vidéos pour encourager Lucie dans sa première cure. Je m'empresse d'aller acheter une perruque et je fais ma petite vidéo avec des cheveux poivre et sel enfin retrouvés ! « Lucie, je t'envoie ce message par solidarité capillaire afin qu'il te donne la force nécessaire. Je t'embrasse. » Je l'envoie aux amis proches pour qu'ils fassent de même. C'est avec des marques d'amitié aussi simples que l'on va tenir la distance.

Le soir

L'envie de poème vient le soir
Quand la lassitude rejoint le manque d'espoir
Le poème exhale le bien et soupire la vertu
Il bouscule le moi, change le point de vue

Il s'honore d'un mot, il pleure d'une rime
Il souffle un art plus qu'il ne l'exprime
Le poème est là, il tient la main
Il sait le futile, rejette le vain

La plume court, elle est alerte
Elle crie la vie jusqu'à sa perte
Entraîne l'envie, désire l'envoi
Elle bout d'énergie, elle te le doit

Elle change les mots, trouve l'humeur
Esquisse un récit, le goût du bonheur

Lundi 7 février 2022 – première cure

Lundi matin, premier rendez-vous en hospitalisation pour la première cure de chimiothérapie en hématologie. Isabelle et moi passons la prendre à 7 h 30. Lucie est prête, bien organisée. On est tendus, peu de sourires, pas de sujet de conversation, une sorte de tristesse essentielle nous habite tous les trois. On arrive à l'hôpital Lyon Sud, on l'accompagne jusqu'à la porte du service. Impossible d'entrer, COVID oblige. Je l'embrasse, je l'étreins, je suis plus qu'ému. Je vois Isabelle qui pleure, Lucie aussi dans une étreinte longue et crispée. Lucie se reprend, car l'infirmière arrive, lui donne le bonjour et l'oriente vers sa chambre. On la voit s'éloigner, un dernier regard, nos cœurs se serrent, les larmes vont et viennent. Isabelle pleure encore, on s'étreint et je me demande comment on peut encore assimiler ces moments qui nous rappellent les étreintes tragiques lorsque nous avons appris le décès de Fabienne, sa sœur cadette, il y a à peine trois ans. On doit perdre de l'espérance de vie dans ces épreuves ou de l'espérance dans la vie… Peu de temps après, nous sommes dans la voiture du retour quand Lucie nous envoie une photo pleine d'arbres prise de la fenêtre de sa chambre avec un message : « Chambre avec vue forêt ! Je suis bien installée… ». Le soir, on fait une visio plus que sympa avec Eugénie et Paul, la petite famille au complet. Eugénie nous passe les huit premières vidéos envoyées par les amis et la famille d'Isabelle. Un vrai bonheur que ces visages qui encouragent et disent toute leur amitié ou leur amour. Paul et Eugénie ont reçu plus de cinquante vidéos. Que du miel pour Lucie avant l'injection de ces drogues dures.

Ça y est. Les choses sérieuses commencent. Convocation à 8 h 30 au MB3. Papa et Maman tiennent à m'accompagner tous les deux. On se croirait à ma première rentrée des classes. Difficile pour moi de ne pas verser une petite larme à leur départ. Je suis très angoissée. J'ai l'impression qu'on m'emmène à l'abattoir. Je me suis levée ce matin avec la boule au ventre. Je me sentais dans le même état que le matin de l'Examen Classant National (ECN), à une différence près : le jour de l'ECN, je savais que la réussite était entre mes mains, qu'il ne tenait qu'à moi de tout faire pour y parvenir. Là, je ne contrôle rien. J'ai cette impression que je ne peux que subir. SUBIR. Subir les examens. Subir les traitements. Subir les effets indésirables. Et tout ça sans rien pouvoir faire. Moi qui suis plutôt du genre à aimer contrôler un peu ma vie, tout ça va m'apprendre la patience et la résilience.

Je suis plutôt bien accueillie, ma chambre est correcte avec une jolie vue sur des sapins, vue forêt ! Je vois rapidement l'aide-soignante, puis l'infirmière, puis l'interne. Et je pars à la pose de Picc Line, le cathéter central qui restera en place dans mon bras pendant les 6 mois de chimiothérapie et par lequel on m'injectera les traitements. Première épreuve de la journée. Je pars en blouse d'hôpital trop courte avec le brancardier qui m'emmène en ambulance dans un autre bâtiment, je n'ai vraiment pas l'air très sexy… Une fois arrivée, j'attends un peu, il n'y a que des vieux croûtons en salle d'attente… Heureusement que je suis là pour baisser un peu la moyenne d'âge ! On finit par m'installer, le geste est finalement très rapide et pas franchement douloureux. Bon en revanche ce n'est quand même pas très décoratif le petit tuyau qui pendouille au milieu du bras… Il va falloir que je m'habitue parce que je risque de le garder un moment. Je retourne dans mon service, je vois le Dr O, un praticien hospitalier du service, qui m'explique la suite des événements pendant que je déguste mon plateau repas (quel bonheur !). Et puis tout s'enchaîne, à peine fini de manger qu'on m'installe pour la ponction lombaire. Je redoute un peu le geste d'autant plus que l'on va m'injecter une chimio, le Méthotrexate, dans mon liquide méningé. J'ai peur que ça brûle ou d'avoir mal à la tête.

C'est Claire l'interne qui fait le geste. Elle est rapide, précise, réussit du premier coup. Ça y est c'est déjà fini et je n'ai quasiment rien senti ! Bravo Claire ! Je dois rester allongée pendant 3 h dans les suites. Je reçois la visite d'Anne-Sophie puis de Lola, la réflexologue plantaire. Elle me fait une super séance, ça me fait beaucoup de bien. Le pied (C'est le cas de le dire...). Ils me branchent pendant ce temps le Rituximab d'abord, l'immunothérapie qui doit détruire tous mes lymphocytes malades. Elle doit passer sur 5-6h pour éviter le risque allergique. Puis on enchaîne avec le reste. Notamment l'Adriamycine qui est une poche orange fluo, on dirait du Spritz ! Les poches s'enchaînent jusqu'à 21 h le soir, je ne ressens toujours pas d'effet indésirable particulier. L'infirmière me dit que c'est bon signe. J'ai l'impression d'avoir une épée de Damoclès sur la tête, prête à s'abattre sur moi à tout moment...

Mais le lendemain matin, je me sens toujours plutôt en forme. Je dévore mon petit-déj comme un ogre, rien à signaler ! Sacrée blague finalement la chimio, c'est du pipi de chat ! En tout cas, il en faut plus pour me mettre à terre. Je participe ensuite à mon premier groupe de parole de l'AJA (association des Ados et Jeunes Adultes), organisé cette semaine par la prof d'activité physique adaptée. On fait ensemble une espèce de jeu de l'oie avec à chaque étape des petits défis sportifs pour nous faire bouger un peu en douceur. Plutôt divertissant et je me sens toujours plutôt bien !

La journée d'après, c'est pour dénombrer l'avalanche de drogues injectées par la Picc Line. On supporte déjà l'injection de Méthotrexate dans la moelle épinière, puis on attaque dans la veine avec le Rituximab en perfusion lente, l'Anthracycline dont la toxicité cardiaque est bien connue, la Vincristine, la Prednisolone, les anti-nauséeux, les antiulcéreux, un cocktail de produits administrés en moins de huit heures à ce corps gracile et gracieux, celui de notre fille. Soldat du feu, guerrière courageuse, Lucie encaisse avec humour et détachement. Elle nous envoie une vidéo de sa perfusion d'un produit orange vif. « On m'injecte du Spritz, c'est bizarre, je ne sens pas le goût de l'Apérol ! ».

Je viens la chercher à 11 h 35, j'ai de l'avance comme d'habitude. Elle est déjà prête et semble impatiente de quitter l'endroit. On rentre chez elle pour manger un Poké Bowl et se soutenir dans la paix. Je casse un verre, porte bonheur ? Je la laisse aller à la pharmacie faire ses stocks de produits : trois comprimés le matin, quatre le soir, une prescription abondante. Elle nous envoie sur le réseau WhatsApp familial son tableau de prise de médicament quotidien, impressionnant et effrayant en même temps. Comment un organisme peut ingérer tant de produits et résister à ces mélanges ? Le foie, les reins, le cœur, ce qu'il faut pour résister à cela, c'est à peine croyable.

Aimer son enfant, aimer sa fille, comment traduire cela par des mots simples lorsqu'on la sait en souffrance. Comment traduire en une série de phrases ce que des gestes expriment en un pleur, une menotte discrètement tenue, une étreinte, une main posée ou serrée sur le bras ou l'épaule ? Rire, sourire, regarder cette enfant, cette fille devenue femme. La voir vivre, dormir, boire, manger et rire. C'est une fin en soi que de chercher à exprimer ce qu'aimer veut dire quand on partage la douleur. Ce que cela signifie dans une vie d'homme, de père sensible, de parent si proche.

Les vidéos pour le deuxième jour de chimio sont extraordinaires. Clothilde, amie de lycée de Lucie, est si touchante de spontanéité, d'affection, d'amitié et même d'amour. Elle loue la force, la ténacité, l'humour, les qualités de Lucie avec une drôlerie d'actrice de stand up. Chaque phrase est ponctuée par les tics de langage de cette jeune génération : « C'est genre girly ! Je t'aime de ouf… ». J'en pleure de rire d'abord puis d'émotion vraie en visionnant ces visages qui parlent à voix basse, avec soin, qui donnent de la tendresse, de la douceur et de la gentillesse. Je suis plus qu'ému, j'imagine Lucie, un sourire sur les lèvres, l'œil humide en train de boire ces images et ces sons. En train de croire un peu plus en la beauté de la nature humaine quand l'empathie, la bonté et l'affection s'expriment aussi bien sur ce petit écran de téléphone.

Dad finit par venir me chercher à l'hôpital. Je n'ai toujours pas vraiment d'effet secondaire. La vérité, la chimio c'est de l'eau ! On rentre chez moi et on se commande un Poké Bowl pour midi, excellent ! Je vais à la pharmacie chercher tous les médicaments de ma nouvelle ordonnance pour les 6 prochains mois. Je passe une bonne demie heure là-bas, j'ai tellement de médicaments c'est hallucinant ! Il va falloir que je me fasse un planning, car il n'y a pas deux jours où je prends la même chose, c'est un enfer ! Je finis par rentrer à la maison, je commence à être fatiguée et des maux de tête commencent à poindre le bout de leur nez… Je ne le sais pas encore, mais elles sont le début de sacrées aventures…

La première semaine post-chimio s'écoule doucement, marquée par ces céphalées qui s'avèrent être un syndrome post ponction lombaire, dû à une petite fuite persistante de liquide méningé par l'orifice de ponction. Le traitement est simple : rester à l'horizontale le temps que la brèche se referme et de la caféine en gélule pour soulager les douleurs. Je reste donc allongée la majeure partie du temps, les Jeux Olympiques qui viennent de débuter deviennent ma nouvelle passion ! Je deviens incollable sur les règles du jeu du curling ! J'avoue que ces céphalées me fatiguent donc je ne fais finalement pas grand-chose de mes journées, même si j'essaie de sortir un peu tous les jours. En tout cas, aucun vomissement. Moi qui m'attendais à passer quelques jours entre mon lit et ma cuvette de chiottes, que nenni ! J'ai quelques nausées, mais bien soulagées par les trois anti-nauséeux que je prends tous les jours.

Et puis je suis évidemment très bien entourée. Tous les soirs de cette semaine, Paul me révèle les vidéos qu'il a reçues avec des petits mots venant de ma famille, de mes amis. Ils sont tous si émouvants, ça me fait tellement plaisir de tous les entendre et de savoir qu'ils sont derrière moi pour affronter cette épreuve ! J'ai également beaucoup de visites, quasi quotidiennes. Un soir, Camille et Clothilde viennent à la maison pour une soirée ciné (elles m'ont abonnée à un ciné-club donc Camille m'a rapporté pleins de DVD). Elles m'offrent avant de partir un super cadeau de la part de tous mes amis et collègues, qui se sont cotisés pour m'offrir un casque audio incroyable ! C'est une trop bonne idée, je vais pouvoir profiter tranquillement de mes prochaines hospitalisations en musique ! Je suis super touchée de ce cadeau, ils sont plus d'une trentaine à avoir participé ! Tous ces gens qui pensent à moi, ça fait vraiment chaud au cœur. C'est mine de rien dans ce genre d'épreuve qu'on se rend compte de l'importance de la famille et de l'amitié.

Nous recevons des messages d'affection très touchants de Laetitia R, une collègue d'Isabelle, qui fait un groupe de prières. Et aussi de Gaëlle de G qui mobilise les filles de notre ancien groupe de parents d'élèves, le groupe Michelet, avec lequel nous avons gardé une amitié forte depuis l'enfance de nos enfants. Eric B, membre de ce groupe Michelet, m'invite à manger au restaurant avec Patrice J, ce qui me réchauffe le cœur. Et Philippe R, un collègue de Paris, nous envoie un message très touchant de sa femme et lui. Après le rendez-vous perruque, Lucie va chez le coiffeur pour une première coupe un peu courte. C'est émouvant de la voir avec les cheveux courts, toute mignonne, rajeunie, accentuant l'écart entre la noirceur de la tumeur et la fraîcheur juvénile de son visage.

Dans l'après-midi, j'ai téléphoné à Catherine R, la mère de son ami de lycée Aubin. Catherine R est pharmacienne et s'occupe de l'unité de préparation centralisée des chimiothérapies pour le service d'hématologie. D'une gentillesse extrême, elle me donne son portable et m'encourage à venir visiter son service pour examiner la rigueur avec laquelle sont préparées les chimiothérapies. J'accepte du bout des lèvres, envahi par une émotion étrange. Celle de la peine partagée et de la gentillesse spontanément prodiguée par des gens que l'on connaît à peine et qui font montre d'un si bel élan.

Je sais à quel point c'est difficile d'envisager les moments de souffrance que Lucie va endurer. Je sais que l'on va vivre ces moments comme si on était à sa place, Isabelle et moi. Comme si les parents devaient ressentir ces moments, ces bouffées d'émotion et de douleur, cette tension et ces malaises. Comme si cela était normal que l'enfant vive en nous avec ses joies ou ses peines. Le soutien de nos amis, de nos familles suffira-t-il à affronter ces moments, à supporter ces nausées, ces douleurs, ces cheveux qui tombent, cette fatigue ?

On s'appelle ce mercredi matin, Lucie a mal, une céphalée tenace attribuée à la ponction lombaire et à l'injection de produit dans la moelle épinière et les méninges. Isabelle passe une partie de la journée avec elle. Lucie me dit la fatigue, l'alimentation fractionnée, l'aplasie sévère et les très nombreux traitements adjuvants. Elle fait ce qu'il faut pour me rassurer plutôt que m'alarmer. On est toujours tendus vers l'objectif : « restitutio ad integrum » et rien d'autre. Elle ne peut que vivre, une pleine et belle vie, rien d'autre. Une autre issue n'est ni concevable ni même imaginable. Retrouver sa place, déterminer son mode d'être, accepter le lieu où l'on est le mieux. Sortir de ce statut de malade, restaurer cette force de femme active, pensante et apaisante. Redevenir moteur, reprendre la place de leader, pour elle et pour les autres. Je ne peux pas penser autrement, la nécessité de vie fait loi. Elle mérite cette issue, cette guérison, cette pleine récupération de ses facultés, de sa beauté simple et solaire.

Aujourd'hui, le mal de tête est fort. Elle ne supporte pas la station debout ou assise. Elle n'est bien que couchée et doit ingérer de grandes quantités de café. On lui a parlé de brèche méningée, c'est-à-dire une fuite de liquide céphalo-rachidien par l'orifice laissé par la ponction lombaire et l'injection de Méthotrexate. On lui propose de traiter cette brèche par une injection de sang à coaguler appelée technique du clotting. La litanie des effets secondaires, des traitements des effets secondaires et des risques subséquents à ces traitements des effets secondaires. Comment ne pas craindre le déroulement de ces traitements ? Il nous faut dominer la peur, vaincre ses effets, passer à l'étape suivante, un pas après l'autre, calmement, sans s'inquiéter à tort. Juste fermer la bouche, serrer les dents et se dire que même si tout est possible, rien ne doit nous atteindre définitivement. La douleur doit se surmonter comme l'ensemble des difficultés et des épreuves que la vie nous tend.

Vendredi 11 février 2022

Je viens chercher Lucie à 8 h 15 chez elle. On retourne à Lyon Sud, pavillon 1G, pour une séance de chimio associant Vindésine et Cortisone. Elle a tellement mal à la tête qu'elle met le siège en position allongée et se tient en position latérale de sécurité pendant tout le trajet. En arrivant à Lyon Sud, elle s'assied sur un banc avec la mine toute défaite en attendant que je gare la voiture. Je l'accompagne au service d'hôpital de jour où elle est prise en charge tout de suite. Elle n'aura pas son intervention de clotting pour la brèche ostéoméningée éventuelle. Ce que je regrette… Elle rentre en taxi et se fait une grosse sieste parce que la fatigue prédomine dans ces traitements lourds. Les résultats de sa prise de sang sont spectaculaires. Encore plus de 10 000 globules blancs polynucléaires, mais pratiquement plus aucun lymphocyte. C'est logique selon Lucie puisque le premier traitement était une immunothérapie visant à les éliminer. Je suis revenu la chercher après ma journée de travail. Elle semble pimpante même si elle se plaint toujours des céphalées. Elle vient passer le week-end avec nous pour notre plus grand plaisir. Celui de se dire que l'on peut être utile pour elle, pour la soulager, lui prodiguer l'affection essentielle, « le petit bisou qui guérit tout ! ». On regarde ensemble la dernière vidéo des amis de la semaine et on apprécie chacune des attentions portées par ces messages. Les « ondes positives qu'on t'envoie », le « plein d'amour et de gros bisous » sont touchants, émouvants et produisent sur Lucie, Isabelle et moi des rires, des pleurs et une chaleur affective qui nous envahit avec douceur.

Le premier week-end après cette première cure, Paul part à nouveau au ski avec des copains donc je vais chez les parents. Je commence à avoir un peu moins mal à la tête, j'essaie de me reverticaliser progressivement même si ce n'est pas encore évident. Je me rends compte avec effroi que je me sens déjà diminuée après cette semaine d'inactivité, j'ai l'impression de n'avoir plus de muscles, chaque sortie est une épreuve qui m'angoisse. Je réussis finalement à marcher un peu plus, nous faisons une belle balade au parc du Château du Vivier le dimanche, cela me fait du bien de respirer un peu d'air frais !

Dimanche 13 février 2022

On regarde les JO avec Lucie. Paul Rémi arrive, ravi de la victoire de l'Olympique Lyonnais contre Nice, « Enfin un beau match de l'OL ». Nous sommes allés nous promener ensuite au Parc du Vivier avec le soleil et le vent. On y retrouve Isabelle, on profite sans stress dans une promenade douce et paisible. Une visite à Papy Georges et je ramène Lucie chez elle avec un pincement au cœur. Elle m'avoue qu'elle en a déjà marre d'être malade, de jouer ce rôle, d'assumer ce statut d'assistée, de personne plainte que l'on supporte, que l'on encourage et accompagne. Tout ce qu'elle ne demande pas. Je lui propose de reprendre une activité intellectuelle, suivre un MOOC en anglais, se fixer des objectifs d'apprentissage réguliers. Je pense que tout ce que je lui propose tombe complètement à côté. Qu'elle va plutôt se lancer dans le tricot ou la couture…

Je retrouve Paul le dimanche soir, il ne travaille pas demain donc nous allons passer la journée ensemble ! Ce qui tombe bien, car c'est la Saint-Valentin... Une bonne journée qui s'annonce, mais qui commence finalement plutôt mal, je suis réveillée le matin par des céphalées assez intenses. Elles sont différentes des céphalées de la semaine précédente, elles ressemblent à une migraine sans vraiment en être une. Je suis également couverte de boutons, j'ai mes règles, j'ai mal au ventre. Bref j'ai l'impression d'être une ado de 12 ans qui a ses premières règles, un vrai bonheur ! On parvient tout de même à faire une belle balade avec Paul l'après-midi, on va se prendre un petit café de Saint Valentin. Bon, pas aussi romantique qu'un dîner aux chandelles, mais on fait ce qu'on peut ! Et on s'est quand même acheté de quoi se régaler ce soir : petits plats traiteur chez Vatel, tarte Cœur chez Pignol, on installe la guirlande Cœur, tous les éléments sont réunis pour nous plonger dans une ambiance Saint-Valentin de folie ! Je me sens malheureusement vite fatiguée et j'ai mal à la tête. Je dois écourter notre dîner. Pauvre Paul, pas très drôle la Saint-Valentin avec une cancéreuse… mais on s'adapte, on joue au jeu des odeurs du vin, affalés sur le canapé. On passe quand même une bonne soirée !

Je commence à me rendre compte que la chimio n'est pas tout à fait ce que j'imaginais. Je m'attendais à être terrassée pendant quelques jours. Ce n'est pas le cas. Mais je commence à avoir une multitude de petits symptômes : céphalées, nausées, la bouche qui pique, fatigue… Rien de fondamentalement grave, mais tout accumulé, je sens que c'est à l'usure que la chimio va m'avoir.

Mardi 15 février 2022

Première prise de sang de contrôle de l'aplasie. Le labo vient à domicile, j'avais eu du mal à me déplacer la dernière fois à cause des maux de tête. En milieu d'après-midi, la secrétaire du Pr G m'appelle : ils ont eu le résultat de la prise de sang, les globules blancs sont a priori très bas, ils veulent savoir comment je vais. Je vais plutôt bien, tranquille, rien de particulier ! Je raccroche et je reçois dans les minutes qui suivent le résultat de ma prise de sang par mail. Suspense... et là le choc. PNN à 0,01 G/L ! Ah ouais d'accord. Pour vous donner une idée, le chiffre normal est habituellement compris entre 1,5 et 7 G/L. On est considéré en aplasie en dessous de 0,5 G/L et moi je suis à 0,01 G/L ! Euuuh en fait je ne vais plus bien du tout là, c'est la panique. Je m'attendais évidemment à avoir des PNN en dessous de 1, mais de là à arriver à 0,01, on peut difficilement faire plus bas... J'envoie un petit SMS paniqué à Anne-Sophie qui me rassure, c'est normal, ils ont l'air habitués à de tels chiffres. Moi j'ai l'impression que le moindre de mes gestes est à risque infectieux, je deviens complètement parano... Les médecins me font donc débuter des piqûres quotidiennes de facteur de croissance permettant une production plus rapide de globules blancs. Et pour couronner le tout, c'est l'heure de mon premier pansement de Picc Line. C'est l'infirmière que j'aime le moins qui vient aujourd'hui pour faire le pansement. J'ai fait, il y a quelques jours, un rêve où l'infirmière faisait d'énormes fautes d'hygiène pendant la réfection du pansement. Et bien ce rêve est devenu réalité. C'est une catastrophe du début à la fin. Elle ne prépare pas tout son matériel avant d'ouvrir le pansement.

Elle chope le pot de Bétadine à pleines mains après avoir mis les gants stériles. C'est une catastrophe. Plus rien n'est stérile. Je suis à la fois paniquée et interdite devant ces erreurs tellement grossières. Je suis en plus encore sous le choc de ma prise de sang et de la profondeur de l'aplasie. Bref, j'ai l'impression que je vais mourir d'un choc septique à staphylocoque doré dans la nuit par sa faute... (non non je ne suis pas du tout dans l'exagération...).

Elle m'achève quand, en partant, elle me fait tout un grand discours sur la dangerosité de vivre avec Paul qui va à l'hôpital tous les jours. Elle me dit qu'il devrait se déshabiller sur le palier, mettre ses vêtements dans des sacs poubelle, se doucher et enfin venir me dire bonjour. LOL. Qu'elle commence par mettre du gel hydroalcoolique avant de nous donner de grandes leçons d'hygiène. Oui parce que je ne l'ai pas précisé, Madame ne met pas de gel hydroalcoolique, ça lui fout des crevasses... Bref je passe les deux heures suivantes à moitié hystérique à psychoter sur cette nulle et mon décès très prochain d'un choc septique. Heureusement, je raconte ça à mes copains, ils m'appellent pour me rassurer. J'ai Julien au téléphone qui est à l'Institut d'Hématologie Onco Pédiatrique en ce moment, et qui me rassure en me disant que les enfants ne meurent pas tous de chocs septiques et pourtant ils passent leur vie à cracher sur leur voie centrale... ! Ok c'est pas faux, je me détends... Il va quand même falloir songer à changer d'infirmière...

Mercredi 16 février 2022

Lucie a encore des migraines tenaces et elle m'annonce l'impensable, les résultats de sa biologie. Des polynucléaires à 0,01 G/l, l'équivalent de 0, non détectable par l'automate du laboratoire. Il y a une semaine, elle était encore à 10 000 blancs et aujourd'hui elle est à 0. C'est ce que l'on appelle une aplasie ! On est sidérés tous les deux. La seule chose positive que j'arrive à lui dire c'est que « Au moins cela prouve que la chimio est efficace ». On est quand même un peu effrayés, la moindre bactérie qui passe par là peut lui déclencher une infection, une septicémie ou pire un choc septique. Sans compter sa cicatrice dont une partie s'ulcère et saignotte. Ce n'est pas le bon passage, l'enfer des petits ennuis répétés de la maladie qui deviennent quotidiens. Je n'ai que l'espoir que la vie soit moins dure avec elle dans les jours qui viennent. On n'est qu'à 4 jours de sa deuxième cure et déjà j'appréhende que l'aplasie lui empêche sa deuxième cure. Lucie a sa prise de sang vendredi matin et elle va savoir tout de suite si ses polynucléaires sont remontés ou pas. Les céphalées sont toujours là, je lui évoque les céphalées de tension, compréhensibles dans ce contexte. Elle se masse un peu sur les tempes et sous l'occiput. Elle me fait plaisir en disant que oui, des micro-massages lui feraient peut-être du bien. Enfin je me sens un peu utile pour son bien-être.

Bientôt un mois depuis la découverte de la maladie. Ce maudit 19 janvier 2022, ce jour de vacances au ski où la neige et le soleil annonçaient une semaine magnifique de vacances avec son amoureux. Chienne de vie, coquin de sort, aléa de malheur, foutue maladie, maudit lymphome qui tombe d'un coup sur la jeune fille qui le mérite le moins. Celle qui sourit à la vie, celle qui travaille avec entrain, qui aime ses parents, ses grands-parents, son frère, sa sœur, ses cousins. Qui ne se plaint jamais, qui réussit tout ce qu'elle fait et qui doit affronter maintenant la Picc Line plantée dans son bras pour six mois, la cicatrice en plein thorax avec un petit ulcère froid, les nausées, la lassitude, l'ennui. Et la rage de ne rien faire, de ne plus se sentir utile, encore moins indispensable. De se sentir couvée, protégée, elle qui aime « gérer sa life », anticiper les choses, diriger son couple et sa vie. Quelle purge !

Vendredi 18 février 2022

Après avoir stressé toute la journée à se demander si la numération des globules blancs allait se restaurer ou non, on reçoit enfin le chiffre en fin d'après-midi. Ça va à peu près, 3 G/L de globules blancs, dont 2 G/L de polynucléaires, ceux qui défendent un peu contre les infections. C'est peu, mais cela rassure par rapport au zéro absolu qu'on a connu à l'analyse précédente. C'est suffisant en tout cas pour que Lucie parte passer un week-end avec ses copains de fac. Et suffisant aussi pour bénéficier de sa cure de chimiothérapie lundi prochain.

Aujourd'hui, un petit message : « Vas-tu ? » et une réponse sobre : « Très bien. Petite marche ce matin et là bon resto ! ». Évidemment, je suis inquiet des contacts potentiellement contaminants. Je lui dis plusieurs fois : « Méfie-toi des repas, c'est certainement le moment où la prise de risque est maximale ». Je sais que ce niveau d'avertissement ne vaut pas grand-chose quand on est jeune et entourée de très bons copains avec la neige et le soleil en plus. Je l'appelle dimanche soir, elle a passé un super week-end, moment simple de bonheur avec ses potes et Paul, plein de bonnes ondes pour la chimio du lundi matin.

Le reste de la semaine s'écoule, je ne meurs pas d'un choc septique (ouf !). Les céphalées persistent en revanche, sans vraiment trop d'explications, elles me réveillent souvent le matin. J'arrive à peu près à les contrôler avec de la caféine, mais elles me pèsent quand même pas mal. J'arrive à reprendre quelques activités, je fais ma première séance de vélo d'appartement. Et ce week-end, on a notre week-end ski avec mes copains de fac, que j'attends avec impatience... Marie, Mathieu, Charb, Benoit, Romane, Nicolas, Amélie, Charlotte, Loïc, Julie. J'ai hâte de les retrouver. Mais je ne sais pas si je peux y aller... Vu la profondeur de l'aplasie, est-ce que c'est bien prudent ? J'attends le résultat de ma prise de sang de vendredi pour me décider. Anne-Sophie me dit que je peux y aller sans risque si mes PNN sont supérieurs à 1 G/L. Évidemment, le résultat se fait attendre... Ce n'est que vers 18 h 30 que je reçois enfin le mail : 2 G/L de PNN ! Allez là ! Ça c'est de la moelle osseuse de compet' ! C'est parti pour le week-end, je suis troooooop contente ! Sur la fin de la route, Paul met de la musique, on chante à tue-tête. J'ai envie de pleurer tellement ce moment de ma vie me semble normal. On part à un week-end entre potes en écoutant de la musique. Ce moment ressemble à ma vie d'avant, qui me semble déjà si loin. Je suis trop heureuse de tous les retrouver. On se fait notre traditionnelle croziflette, un régal. C'est si bon de vivre !

Le samedi, tout le monde va skier sauf Charlotte qui reste gentiment avec moi. On se fait une grande balade en s'arrêtant pour manger au milieu dans un petit resto très sympa. On passe un très bon moment, et j'ai quand même marché environ 3 h en tout, je suis fière de moi ! Bon je fais quand même une bonne sieste en rentrant, faut pas exagérer... Et on passe la soirée à papoter, faire des jeux de société, rigoler. Comme au bon vieux temps ! C'est fou comme même en se voyant 2 ou 3 fois par an, à chaque fois qu'on se retrouve, rien ne change. Nous sommes tous les mêmes, on rigole des mêmes blagues, on s'entend toujours aussi bien ! Le dimanche, c'est journée chill à la maison, repas crêpes, le kiff ! Bref on passe un super week-end, je suis dégoûtée qu'il se termine si vite... On ne rentre pas trop tard, il faut que je prépare mes affaires pour ma deuxième cure demain.

Lundi 21 février 2022 – deuxième cure

Allez c'est parti pour la deuxième cure. Cette fois, pas de pose de Picc Line, pas de ponction lombaire, ça va être du gâteau, trop facile ! La journée se déroule sans souci particulier, les poches s'enchaînent à l'identique par rapport à la dernière fois. Je reçois quelques visites : Anne-Sophie, Lola la réflexologue plantaire aux doigts de fée, évidemment Claire l'interne. Tout se déroule au mieux. Il persiste quand même des céphalées, mais j'ai peut-être l'impression qu'elles sont en train de s'améliorer. Le lendemain matin, c'est Maman qui doit venir me chercher en fin de matinée, après le groupe de paroles. Groupe de paroles que j'attends avec impatience, car il est aujourd'hui animé par Lola, qui doit nous apprendre les rudiments de l'automassage. Programme bien-être, tout ce que j'aime ! Je prépare toutes mes affaires avant le groupe de parole, pour être prête à partir directement après. Marie-Aude, la psychologue, passe également me voir pour notre premier vrai entretien. Nous faisons principalement connaissance, je lui expose mes quelques craintes, notamment au sujet du poids que je fais porter à toute ma famille. Mais bon j'ai le moral en ce moment, ça va !

Alors que je discute avec Marie-Aude, le Dr O. surgit dans ma chambre. Il m'explique brièvement que face à l'absence d'explication à mes céphalées, ils ont préféré par prudence demander un avis aux neurologues de l'hôpital. Un d'eux va donc rapidement passer me voir. Ma foi, pourquoi pas ? S'il pouvait trouver un moyen de soulager ces foutus maux de tête, je ne dis pas non !

Je termine donc mon entretien avec Marie-Aude et très rapidement l'interne de neuro débarque. Il me fait décrire précisément mes maux de tête, cherche scrupuleusement des symptômes associés. Il réalise un examen neurologique complet. J'ai toujours aimé la neurologie. Cette spécialité très clinique... Il finit par me dire qu'il juge nécessaire de me faire passer un scanner. Rolala qu'est-ce qu'ils vont me chercher des noises encore... Il dit être très rassuré par mon examen clinique tout à fait normal, mais qu'au vu du contexte, la ponction lombaire, le syndrome post PL, le lymphome, ces céphalées inexpliquées demandent plus d'explorations. Il dit vouloir éliminer un hématome sous-dural ou une thrombophlébite. Il me rassure néanmoins en m'assurant de la très faible probabilité de ces deux hypothèses. Bon je me plie à ces recommandations, un peu saoulée tout de même que cela retarde ma sortie de quelques heures. Mais bon, l'examen est prévu à 15 h et après je serai tranquille.

Je me rends donc enfin à ce fameux groupe de parole ! J'y passe comme prévu un super moment. Lola nous apprend des techniques d'auto massage palmaire : saviez-vous que la pulpe de la première phalange du pouce était reliée à la tête ? Et donc qu'en cas de maux de tête, un massage en rotation sur cette zone pouvait procurer un vrai soulagement ? Elle nous montre aussi des techniques de cohérence cardiaque, la détente par la gestion du souffle. Et on finit par une séance de yoga du rire. Le principe est simple : se forcer à éclater de rire, tous en même temps. Bon la vérité est qu'au début on se sent vraiment con quand on commence timidement à glousser. Mais finalement, on se laisse entraîner, le rire commence à nous envahir. Drôle de sensation !

Arrive enfin l'heure du scanner. Les brancardiers m'emmènent en ambulance. On m'explique comment ça va se passer, on va injecter, ça va faire chaud... Oui oui je sais, je commence à m'y connaître un peu dans le domaine ! L'examen est rapide, j'envoie direct à Maman un petit SMS lui disant de se tenir prête à partir, je devrais avoir le résultat d'ici une heure environ. C'était évidemment sans compter sur l'efficacité infaillible de l'hôpital. On me demande d'attendre les brancardiers dans la salle d'attente et j'attends 15 minutes, une demi-heure, trois quarts d'heure. Putain, mais ils ne viendront donc jamais quoi... En plus ils sont bien mignons, mais je suis quand même en lendemain de chimio, je suis fatiguée, je suis mal installée sur cette vulgaire chaise de salle d'attente (bondée qui plus est) et en plus je crève de soif. Au bout de 50 minutes, temps que j'estime raisonnable pour commencer à râler, je me manifeste auprès de la secrétaire. Est-ce que les brancardiers vont bientôt arriver ? J'ai l'air de l'emmerder. Elle demande mollement à son collègue de vérifier la commande de mon transport. Je lui demande à boire, elle met 5 minutes à m'apporter un verre d'eau. « Oui oui Mademoiselle vos brancardiers arrivent ». Le ton de sa voix sous-entend que je pourrais faire preuve d'un peu plus de patience. Je décide donc de patienter, mais sur la chaise juste en face d'elle, histoire qu'elle ne m'oublie pas trop quand même... Les brancardiers finissent par arriver (au bout d'une heure, pas trop tôt !).

À peine revenue dans le service, Claire l'interne vient me donner le résultat. Ils ont un doute. Euh comment ça un doute, c'est quoi ce bordel encore ? L'image a été vue par le radiologue et les neurologues, ils ont un doute sur une image dans le sinus longitudinal supérieur. Un doute sur une thrombophlébite quoi. La douche froide ! Je suis dépitée. Je n'arrive pas à retenir mes larmes. Non, mais qu'est-ce qu'ils vont me trouver encore ? Le lymphome à 24 ans ce n'était pas suffisant ? Ils veulent donc faire une IRM pour préciser tout ça. En urgence. Genre là maintenant. J'ai à peine le temps d'appeler Papa pour le prévenir que d'autres brancardiers (à l'heure ceux-là) arrivent pour m'emmener. Je n'en mène pas large, je sèche difficilement mes larmes.

Une fois arrivée à l'IRM, envahie par le stress, j'essaie de mettre en application ce que Lola nous a appris ce matin. J'inspire, j'expire, petit malaxage de pouce, ça va aller. Et j'entends la manip radio dire à son collègue « On va pouvoir prendre la demoiselle, l'IRM SOS AVC ». Euuuuuh pardon ? C'est moi le SOS AVC ? Nooon c'est pas possible.

Bon je crois qu'un petit passage vulgarisation médicale s'impose pour que vous compreniez un peu l'ampleur de mon désarroi...

J'imagine que vous avez déjà tous entendu parler d'AVC. Vous avez peut-être l'image d'un truc qui survient brutalement, chez des vieux qui tout à coup ne peuvent plus parler et ont la bouche toute tordue, et qui finissent hémiplégiques en fauteuil roulant. Reprenons un peu : l'AVC est un Accident Vasculaire Cérébral. C'est donc un accident à savoir quelque chose de survenue brutale, vasculaire donc qui touche les vaisseaux, cérébral, donc les vaisseaux du cerveau. Nous avons dans notre corps deux types de vaisseaux (si rappelez-vous vos cours de SVT de 5ᵉ) : les artères qui amènent le sang riche en oxygène et en nutriments aux organes, et les veines qui repartent des organes avec le sang pauvre en oxygène et riche en déchets. L'AVC classique comme tout le monde le connaît est en fait « l'AVC artériel ». Une artère se bouche brutalement, elle ne peut donc plus amener le sang et l'oxygène à certaines zones du cerveau, qui finissent donc par souffrir, voire mourir. Et cela se traduit par ce qu'on appelle des déficits neurologiques brutaux : paralysie d'un membre, du visage, perte de sensibilité, troubles de la vue, de la parole. Mais il existe un deuxième type d'AVC, « l'AVC veineux », que l'on nomme en jargon médical la thrombophlébite cérébrale. Ici c'est la veine qui se bouche et qui ne peut plus évacuer le sang. Le principal risque est que la veine finisse par avoir trop de pression en amont de l'obstacle et qu'elle finisse par se rompre. Dans ce cas-là, tout le sang contenu dans la veine va se vider dans le cerveau et là c'est la merde… Ce type d'AVC est un peu plus sournois, car les symptômes sont moins francs. Ils peuvent aller de simples céphalées, aux symptômes déficitaires cités ci-dessus, tout en passant par des convulsions. Vous l'aurez compris, ces deux types d'AVC sont des pathologies graves dont les principaux risques sont les séquelles voire le décès. Leur prise en charge est donc une urgence thérapeutique. C'est dans ce contexte que le dispositif SOS AVC a été créé. C'est un dispositif qui doit permettre à tout patient suspect d'AVC de bénéficier d'une IRM en urgence dans les 4 h (pour poser le diagnostic ou non) et d'une prise en charge en urgence dans les suites pour éviter au maximum les séquelles.

Bon vous comprenez maintenant pourquoi j'ai un peu flippé quand j'ai compris que j'étais dans la filière SOS AVC ? Pour moi, c'est vraiment le dispositif fait pour les vieux croûtons qui se sont réveillés avec la bouche de traviole, pas pour les jeunes filles de 24 ans qui n'ont rien demandé à personne. Je m'imagine déjà finir ma vie paralysée, avec des troubles cognitifs et des difficultés à parler. Le stress monte d'un cran. Je me malaxe frénétiquement la pulpe du pouce. Ça va aller. La manip perçoit mon degré de tension, elle m'amène un drap chaud pour me couvrir et un verre de jus de fruits. Elle est très bienveillante, c'est agréable. Je rentre donc dans la machine, qui en plus me fait flipper parce que je suis un peu claustrophobe. Je me dis qu'il faut que je garde les yeux fermés, comme ça je ne verrai pas que je suis enfermée... Bon ça se passe, ça fait du bruit, mais ce n'est pas si pire. Je finis par repartir. Claire m'attend dans le service et me donne donc le résultat final : il y a bien une thrombophlébite du sinus longitudinal supérieur et également une petite veine frontale thrombosée. Par chance, les lésions sont encore petites donc il n'y a pas eu de retentissement sur mon cerveau. Si on traite correctement maintenant tout de suite, il n'y aura normalement pas de séquelles. Claire me dit qu'on va donc commencer les anticoagulants dès ce soir, par voie intraveineuse pour le moment. Franchement je n'en reviens pas. J'ai une thrombophlébite cérébrale. Mais c'est quoi ce délire ? En un mois, je suis passée du « tout va bien, je suis en pleine santé » à « j'ai un lymphome et une thrombophlébite cérébrale ». Il y a vraiment un truc qui a déconné dans ma vie là... Claire me dit avec humour : « Au moins avec la chance que vous avez, vous êtes sûre de ne pas être cocue ! ». J'éclate de rire au milieu de mes spasmes de sanglots. Et là je me dis un truc : je n'ai tellement pas de chance dans la vie en ce moment que je devrais essayer de jouer au loto. J'avais une chance sur un million de faire une thrombophlébite, sur un malentendu j'aurai peut-être la chance sur un million de gagner au loto ! Allez ça part, je me lance, un ticket de loto et un ticket d'euromillions et rendez-vous au tirage vendredi soir...

Je suis en bas de chez elle à 8 h 15 garé sur une sortie de parking donc pas serein déjà. Elle arrive, accompagnée par Paul qui lui porte ses valises. On part à Lyon Sud, un peu silencieux, mais moins tendus que la première fois. Je la dépose et tout semble aller bien. Les nouvelles sont plutôt bonnes le soir, en dépit d'un léger retard dans la pose de la chimio. Le lendemain 9 h, rien ne va plus. Au moment du départ, on lui prescrit un scanner cérébral parce que les maux de tête inquiètent les médecins du service. La persistance de ces maux de tête ne semble pas habituelle. On lui parle d'œdème cérébral, d'hypertension intracrânienne ou de phlébite du sinus cérébral, que des hypothèses diagnostiques effrayantes. Pas des migraines ou de discrètes céphalées de tension, des choses bénignes comme nous l'avions évoqué ensemble. Elle part au scanner et je lui demande de m'appeler dès qu'elle sait quelque chose.

16 h 15 de retour du scanner, Lucie m'appelle, petite voix et sanglot ravalé : « On m'a trouvé une thrombophlébite du sinus cérébral, une complication très rare, mais grave qui se voit parfois dans le traitement du lymphome. Mais quand cela va-t-il s'arrêter les mauvaises nouvelles Papa ? ». Ouch ! un uppercut, un KO debout, j'ai de la peine à enchaîner, à trouver les mots qu'il faut. Je lui demande si le diagnostic est sûr, par qui il est affirmé. Elle me dit qu'il persiste un doute et qu'elle va avoir une IRM cérébrale en fin d'après-midi parce que la lecture du scanner est compliquée et fait l'objet de différences d'interprétation entre les médecins. Un espoir donc que l'image soit un artefact ou que simplement on s'inquiète pour pas grand-chose. J'appelle le service pour en savoir plus et je tombe sur l'interne qui connaît bien le dossier. Elle ne me rassure pas, elle me parle de maladie thrombogène, le lymphome serait thrombogène, c'est-à-dire susceptible de déclencher des caillots dans le sang et que dans le cas

de Lucie, la thrombose est hautement probable, d'ailleurs ils ont montré les images à l'équipe de neurologie vasculaire du Pr Norbert N. J'appelle Norbert tout de suite, nous avons fait nos études ensemble et sommes dans une relation très amicale depuis longtemps. Il me dit qu'il va se renseigner, s'en occuper et me rappeler une fois qu'il aura vu les images du scanner et de l'IRM, la transmission d'images fonctionne très bien dans le réseau des Hospices Civils de Lyon.

17 h 15 Norbert : microthrombi de la veine cérébrale superficielle, donc diagnostic positif retenu par l'équipe de neurologie vasculaire. Pas d'œdème, pas de lésion du tissu cérébral donc a priori pas de séquelle si on traite tout de suite par l'héparine, anticoagulant à administrer rapidement en intra-veineux. Il me répète et me rassure, il n'y aura pas de séquelle, le tissu cérébral est sain, mais on a bien fait de se méfier et de faire le diagnostic pour traiter en urgence. Je bredouille, je remercie avec une émotion que je ne cherche plus à feindre surtout avec les bons amis. Je considère même que pour le coup, c'est une chance d'avoir fait le diagnostic et que probablement avec les anticoagulants, les céphalées vont s'arrêter. Il est question de la transférer à l'hôpital neurologique pour la surveiller. C'est la demande des hématologues. Norbert intervient pour déconseiller le transfert, administrer tranquillement le traitement et faire passer un collègue neurologue sur place pendant sa garde. Il me répète qu'il ne faut surtout pas décaler la prochaine cure de chimiothérapie qui va avoir lieu ce vendredi dans deux jours. Il m'avoue aussi que c'est certainement le traitement intra-thécal, celui administré dans le liquide cérébral, qui est à l'origine de cette phlébite, par un phénomène d'hypotension cérébrale qui collabe les vaisseaux à l'intérieur du crâne. Je n'aime pas cette information qui vient encore augmenter le cortège des effets secondaires des traitements déjà bien copieux. Le lendemain, les neurologues passent le traitement anticoagulant par voie orale, ce qui évite le traitement intraveineux au pousse seringue et permet une sortie de l'hôpital plus précoce.

Les jours qui suivent se déroulent dans une certaine angoisse. Les anticoagulants sont débutés et devraient faire rapidement effet, mais le principal risque maintenant est la transformation hémorragique. C'est pour cela que les médecins préfèrent me garder hospitalisée. Je flippe au moindre symptôme, j'angoisse à la moindre sensation inhabituelle. Le moral est en berne. D'autant plus que mes cheveux ont commencé à tomber cette semaine. Il ne manquait plus que ça. J'en perds régulièrement, pas en trop grande quantité pour le moment, mais suffisamment pour en avoir plein l'oreiller le matin au réveil… J'essaie donc de ne pas me laver les cheveux pour éviter la chute.

Heureusement, je fraude pour avoir des petites visites même si c'est toujours interdit dans le service. Je demande à aller me balader et je donne rendez-vous à mes visiteurs dehors… ! Paul vient donc d'abord me voir. Qu'est-ce que ça fait du bien de voir un visage familier et de pouvoir le serrer dans mes bras ! On se prend un petit goûter au relais H, puis on va jouer un peu au piano en libre-service dans le hall. Il y a même un monsieur qui s'arrête pour nous écouter et nous félicite à la fin de notre prestation ! Puis on va visiter la petite chapelle de l'hôpital, plutôt charmante même si elle nécessiterait une rénovation. Quand j'aurai gagné au Loto, je ferai un don pour la rénover ! Et le lendemain, c'est Papa et Maman qui viennent me rendre visite. Ils ont ramené des pâtisseries pour me donner du baume au cœur, mais je sens bien que leur moral est presque encore plus en berne que le mien. Je vois bien leurs yeux cernés par les nuits d'insomnie, remplis d'angoisse. On essaie tous de faire bonne figure, de faire diversion, mais on sent bien que le cœur n'y est pas. J'ai du mal à retenir mes larmes quand ils me laissent à la porte du service en partant.

Le vendredi, après 5 jours d'hospitalisation, je finis par rentrer à la maison ! Alléluia, les journées sont interminables ici… Je dors chez les parents ce soir, car Paul est à un congrès ces deux derniers jours et rentre tard dans la nuit. Je le retrouverai demain. Je me décide enfin à me laver les cheveux qui sont dans un état de saleté épouvantable. Et là, c'est la débandade. Mes cheveux ne tombent plus un par un, mais poignée par poignée. C'est sans fin. Dès que je mets la main dans les cheveux, je me retrouve avec une masse de cheveux en moins. J'ai en permanence les épaules recouvertes de cheveux, j'en sème partout tel un petit poucet version cancer. C'est insupportable. J'hésite à aller les faire raser demain. En soi, il m'en reste encore beaucoup, mais cette sensation de chute permanente devient de plus en plus désagréable.

Vendredi. Je viens chercher Lucie à l'hôpital. Dès 10 h 30 elle m'appelle pour me dire qu'elle n'en peut plus de l'hôpital, que le plus tôt j'arrive, le mieux c'est. Je me libère pour 11 h, on se retrouve dans sa chambre, on tombe dans les bras l'un de l'autre, elle en pleurs, elle a vécu tout cet épisode toute seule, sans réconfort proche, sans personne à qui dire sa peine de vivre encore un épisode de malchance, d'atteinte injuste de son corps et aussi de dire son soulagement de l'issue finalement heureuse de cette mauvaise blague. Elle est trop impatiente de sortir, on ne s'attarde pas. Elle se plaint de ne jamais être tranquille dans cette chambre, réveillée en pleine nuit pour tel traitement ou telle prise de sang ou telle prise de tension. La bouffe est dégueulasse, que des plats stéréotypés de restauration collective dans des bacs de plastique qui ressemblent à des emballages de compresses, du même blanc stérile et stérilisé. Et ces gens qui viennent à sa porte à 6 h du matin pour nettoyer le couloir en parlant fort, ils le font exprès ?

Plus on s'éloigne de l'hôpital, plus le moral reprend du poil de la bête. La phlébite s'éloigne, on a presque l'impression que cet épisode est resté dans les murs de l'hôpital. On n'en parle pas, on veut s'en affranchir, rester sur le positif. Le traitement anticoagulant a soigné la phlébite qui en guérissant a éliminé les maux de tête si gênants pour la vie de tous les jours. On se tourne vers la prochaine cure et dans la suite le PET scan qui va évaluer l'efficacité de ces deux premières cures. On va attendre calmement ces résultats, sans espérer trop, ni se mettre dans l'hypothèse du pire.

Lucie me tient alors un raisonnement étonnant sur la chance. Le point de départ est que d'une manière générale, elle est vraiment en déveine pour sa santé. Donc il doit y avoir une autre part de sa vie qui serait plus chanceuse. Donc comme la chance nous a quittés sur le domaine de la santé, il faut tenter notre chance sur d'autres terrains. Elle arrive à me convaincre et on se décide à jouer au loto. On essaie l'euromillion, cette semaine-là, il est à 54 millions d'euros ! On a une chance sur 13 millions de gagner, mais tout d'un coup cela nous fait du bien d'y croire et on se demande déjà ce que l'on va faire de tout cet argent. Et comme c'est bon de penser à autre chose, à des séjours dans lcs îles, des maisons de luxe et des voyages tout autour de la terre. On joue aussi sec, en ligne sur le téléphone et on attend fébrilement le tirage du soir sur TF1.

Qu'une vie s'étire et panse mes plaies
Qu'un accord puisse se lire et me donne sa paix
Qu'une voix se lève et me livre le miel
Qu'un être divin joue un rêve et me rende éternel

Samedi 26 février 2022

Je retrouve Paul, revenu de son congrès. Il vient de faire une PCR COVID, l'aplasie approche, ne l'oublions pas, il faut que je sois prudente. On décide de se faire un petit resto tous ensemble avec Paul, mes parents et mon frère, histoire de fêter ma libération. Mon premier resto depuis que je suis malade, c'est la fête !

Et puis je décide de prendre mon courage à deux mains. Je décide d'aller me faire raser. Avoir des cheveux partout m'insupporte. Au moindre mouvement de tête, une poignée tombe. Et puis au moins aujourd'hui, je peux y aller avec Paul alors que la semaine prochaine il travaillera donc je serai contrainte d'y aller seule. Et puis, cette semaine était déjà merdique, autant finir avec les trucs relous et partir sur un meilleur mood la semaine prochaine. On se dirige donc avec Paul vers le magasin de perruques, qui propose également de faire la coupe. J'ai la boule au ventre en y allant et je suis déjà au bord des larmes. J'arrive à me contenir. On arrive à la boutique, où nous sommes très bien reçus comme d'habitude. J'aimerais rendre hommage par ce court passage à tous ces gens qui travaillent dans l'ombre, dont on parle si peu, et qui ont pourtant un rôle si décisif dans ce parcours. Leur professionnalisme et leur bienveillance m'ont été d'une aide précieuse, et je ne les en remercierai jamais assez.

La dame nous installe donc dans un petit salon, semblable à un salon de coiffure, très cosy. Elle m'explique qu'elle va commencer à couper aux ciseaux puis qu'elle prendra le rasoir en laissant quand même quelques millimètres pour ne pas raser à blanc. Elle discute un peu avec nous, fait diversion. Elle parvient à nous détendre, la boule dans mon ventre commence à céder. Ça y est, elle a coupé au ciseau au plus court. Elle sort maintenant le rasoir. Et là, je passe par une multitude de coupes toutes aussi loufoques les unes que les autres. La coupe rasée sur les côtés, la coupe crête, coupe un peu punk. Paul est à moitié mort de rire de me voir avec ces coupes-là. Sa bonne humeur me contamine. C'est vrai que j'ai de sacrées tronches comme ça ! Et puis on en arrive au résultat final. Plus de cheveux ni longs ni courts, juste une couche noire de petits poils recouvrant mon crâne. On dirait Natalie Portman (mon idoooole), qui avait dû se raser pour un film. Bon je n'irais pas jusqu'à dire que j'aime bien, mais ce n'est pas si mal. Ça donne un style quoi. La dame m'apprend maintenant à mettre la perruque. Je ressemble maintenant à Penélope Cruz, comme Maman m'avait dit quand j'ai choisi le modèle. Rolala maintenant ça va être Penélope Cruz le jour et Natalie Portman la nuit, trop la classe. Bon il va quand même falloir s'habituer à la perruque, la sensation est un peu bizarre à première vue. On finit par partir. Je n'ai pas versé une larme, je suis assez fière ! Et plutôt soulagée, je pensais vivre un moment super traumatisant et finalement on a réussi à prendre tout ça avec légèreté et presque (j'ai bien dit presque) à passer un bon moment !

Aujourd'hui, Lucie s'est fait raser la tête pour envisager le port d'une perruque. Incroyable, ce visage sans cheveux, cette tête si harmonieuse sans l'encadrement de la chevelure, ce regard plus intense, ce charme, on la trouve jolie, très jolie même. Elle a encore du mal à accepter ce manque, cette nouvelle apparence dénudée, trop dure à son goût. Elle essaie la perruque devant nous. On ne la reconnaît pas, c'est Penélope Cruz, c'est Paz Vega, c'est Natalie Portman, Keira Knightley, on a envie de projeter sur elle toutes les beautés qu'on connaît qui sont brunes aux yeux sombres. Cette envie de ressembler, cette volonté d'être star, cette partie de sosie, de beauté brune ou châtain, un jeu de fille ou un rêve de garçon, on ne sait plus trop. Et moi, que ressens-je, comment suis-je, que perçois-je dans ce maelström ? Je suis étourdi, abasourdi, presque évanoui. Une adynamie, une atonie, une aboulie ou une tétanie. J'ai ce sentiment de ne rien sentir ou plutôt de ne rien ressentir. Comme une protection étanche contre les ascenseurs émotionnels. Comme pour glisser sur l'événement de la semaine, cette découverte de la thrombophlébite cérébrale.

Quelle semaine, quels chocs, ces événements qui se succèdent ! Rien de ce qui nous arrive ne me laisse indemne. C'est comme un coup de rouleau compresseur qui aplatit mon psychisme, qui le transforme en une mince feuille de papier à cigarette, un résidu de vivacité, un ersatz de réactivité, une escarbille de dynamisme. C'est comme si une carapace défensive était réduite à un bout de tulle translucide. Ces événements sapent ma force tranquille pour en faire une chlorose juvénile, une vapeur de jeune fille désertée par les sels.

Laisser une perle de vie
Conduire une envie
C'est mieux que le bruit
Plus grand que le dépit
Mieux qu'un espoir
Une éternelle histoire

Dimanche 27 février 2022

Bon après les émotions de cette semaine, nous sommes bien décidés avec Paul à profiter d'un petit dimanche tranquille ensemble ! En plus il fait beau. Sauf que… mes maux de tête sont revenus samedi soir. Peu intenses, mais présents. Je finis par appeler l'astreinte du service dans la nuit, inquiète du retour des céphalées. On temporise jusqu'au lendemain matin, la médecin me dit d'essayer de prendre des antalgiques. Elle me rappelle vers 7 h du matin, des douleurs insidieuses sont toujours présentes. La médecin est inquiète, elle a contacté SOS AVC, ils veulent que je fasse rapidement un scanner cérébral pour rechercher des signes potentiels d'hémorragie. Elle me dit d'aller dans les urgences les plus proches de chez moi dès que possible. Donc dimanche 7 h du matin, nous voilà en route avec Paul pour les urgences de l'Hôpital Edouard Herriot. Nous sommes bien loin du programme initialement prévu… On arrive sur place. Étant étudiante, j'étais passée en stage dans ce service d'urgences. Je m'étais jurée de ne JAMAIS y aller en tant que patiente. Plutôt mourir. Les locaux tombent en ruine. Les gens attendent dans le couloir, entassés sur des brancards. Je me souviens une fois être allée y voir mon frère après une de ses crises d'épilepsie. Il était 10 h du matin, il avait passé la nuit sur ce brancard dans le couloir, personne ne lui avait proposé quoi que ce soit à manger ni à boire pour le petit déjeuner. Bref, les urgences en France, en tout cas à HEH, c'est la guerre… Mais j'ai pris la précaution d'appeler le service avant de partir, il n'y a pas beaucoup de monde, je ne devrais pas attendre trop longtemps. Et je me dis qu'étant médecin et envoyée par SOS AVC, ils ne me feraient pas trop attendre.

Et bien je me trompais. J'arrive aux urgences vers 7 h 45. La salle d'attente est vide. Le service est d'un calme absolu. Je suis immédiatement prise en charge par l'infirmier, à qui je raconte mon histoire. Il doit coter le niveau d'urgence de ma prise en charge. En pédiatrie, nous avons un code couleur : en rouge les urgences vitales à prendre en charge immédiatement, en violet les urgences à voir dans la demi-heure, en bleu ceux à voir dans l'heure, les jaunes à voir dans les deux heures, puis les verts à voir... quand on peut. Vu mes antécédents, je dois être l'équivalent d'un bleu ou d'un violet. Il me dit de patienter, je serai la prochaine à être vue par le médecin, ça ne devrait pas tarder. Sauf que... l'heure de la relève approche. L'équipe médicale de nuit va laisser la place à l'équipe médicale de jour. Donc je ne sais pas si l'équipe de nuit trop fatiguée a juste la flemme de venir me voir ou si leur relève prend beaucoup de temps parce qu'il s'est passé plein de choses cette nuit, mais j'attends près de 2 h avant de voir du personnel médical. Et qui est-ce qu'ils m'envoient ? L'externe, à savoir l'étudiante de 4e année. Je suis furieuse. J'ai un lymphome, je suis en aplasie, je suis adressée en urgence par SOS AVC pour avoir une imagerie cérébrale à la recherche d'une hémorragie, et ils me font poireauter deux heures, tout ça pour quoi ? Pour m'envoyer l'externe, qui est bien gentille, mais qui dans tous les cas ne peut décider de rien et ne fera pas avancer ma prise en charge.

En plus, je connais de loin l'interne du jour et je connais également la médecin, que j'ai côtoyée lors de mon dernier semestre à l'hôpital de Valence. Et bien malgré ça, aucune solidarité entre soignants, tout ça n'accélère pas du tout ma prise en charge... Je fulmine quand S., la médecin que je connais, finit enfin par arriver au bout de 2 h 15. Et je lui fais savoir. Pas méchamment, mais je lui exprime quand même assez clairement que je trouve tout ça assez abusé. Elle fait donc enfin la demande de scanner, qui aurait pu être faite il y a 2 heures. Heureusement, le radiologue est plus rapide. Je pars au scanner moins d'une heure après la demande. L'examen est rapide. Une fois de plus, j'attends les brancardiers un moment avant de pouvoir repartir… Une fois de retour dans le service, le résultat est rapide : pas d'hémorragie, le thrombus a même diminué un peu de taille ! Parfait, plus de peur que de mal… Cet épisode m'aura juste rappelé que cette fois, c'est décidé, je ne remettrai JAMAIS les pieds aux urgences à HEH.

Une journée à deux avec Isabelle aux Collerettes, pleine de beau temps et de bons moments. Un apéro chez les voisins et un après-midi en plein soleil avec sieste et taille des arbres au grand air. Pendant ce temps, Lucie se réveille avec une forte céphalée. Elle appelle le service, un peu anxieuse. Les neurologues s'inquiètent, lui prescrivent un nouveau scanner en urgence. Elle y va à 7 h 30, à l'urgence de l'hôpital Edouard Herriot. Elle y passe 4 heures (!) avec Paul pour avoir finalement un résultat rassurant. Pas d'aggravation de la phlébite. Plutôt une amélioration par rapport à l'image précédente. Mais encore du stress, pas de repos pour elle et Paul. Pas de répit, toujours en tension ou dans la fatigue. Et elle n'a pas jugé utile de nous déranger, nous qui bullions tranquillement au soleil pendant tout ce temps-là. C'est dans la visio WhatsApp du soir qu'on la retrouve, rasée de près, souriante. Elle nous raconte ces événements de la journée, sans se plaindre, plutôt rassurée par le scanner et libérée de sa céphalée. Elle nous dit être armée pour affronter une nouvelle semaine de cure. On a un échange de sourire, biz biz et elle va nettoyer sa plaie du thorax qui objectivement a bien meilleure allure. J'ai ensuite un bon coup de fil avec l'ami Denis. Il me parle de la douche froide que j'ai dû prendre, et que cela risque d'être comme cela tout au long de la prise en charge. Ce qui ne manque pas de me rassurer !

Ce soir, j'ai la nausée. Comme du mimétisme, comme une empathie avec celle qui reçoit traitement sur traitement et qui semble les digérer sans une nausée. Moi je bois l'apéritif avec les voisins, je fais un bon repas au restaurant et je me sens patraque toute la fin d'après-midi. Je reste vague jusqu'au repas du soir où je ne peux rien avaler, l'estomac et l'esprit noués. Quelle ironie cette nausée, quelle insolente vue de l'esprit, une hystérie, une empathie ?

Demain, on va voir la néphrologue avec mon fils Paul Rémi. Il est porteur d'une sclérose tubéreuse de Bourneville. Il s'en sort bien pour une maladie chronique de cette nature, avec une comitialité bien contrôlée et une scolarité bien assurée jusqu'au BTS assistant-manager. Il a des reins polykystiques, ce qui peut à terme les endommager sérieusement. On surveille sa fonction rénale régulièrement. La semaine dernière, on a reçu les résultats. Ses constantes biologiques se sont un peu détériorées. Le débit de filtration glomérulaire a perdu 20 points en deux ans et est apparue une protéinurie qui était à 0 l'année dernière. On s'attend à l'apparition d'une maladie rénale chronique. On est au stade 1 de la maladie qui en compte 5. Au stade 5 dit terminal, c'est la dialyse ou la greffe. Je commence à envisager le don de mon rein pour lui. Je vérifie sur internet qu'il n'y a pas de limite d'âge, c'est le cas, et je m'imagine entrant à l'hôpital avec Paul Rémi. Subir l'intervention, donner son rein, la vie pour son fils, une évidence.

Lundi 28 février 2022

Début de ma semaine de répit entre deux cures. Mais je suis un peu angoissée. Paul a le nez qui coule depuis hier et il a eu un peu de fièvre cette nuit. Tous deux angoissés d'un probable Covid à l'approche de ma période d'aplasie, il a déménagé en pleine nuit sur le canapé où il a fini sa nuit pour éviter les contacts entre nous. J'essaie de me détendre, Paul a fait un test antigénique samedi matin avant de me retrouver, il était négatif, ça va aller. Mes médecins m'avaient dit leur angoisse du Covid chez les patients en aplasie. Cette infection étant encore assez mal connue, les traitements assez mal codifiés, c'est une situation qu'ils essaient à tout prix d'éviter chez les patients très fragiles et immunodéprimés que nous sommes. Et puis le diagnostic finit par tomber : Paul est positif. J'angoisse à fond. Je m'imagine déjà en réa pour une forme grave, à être retournée comme une crêpe toutes les douze heures avec un tuyau dans la bouche pour me faire respirer. L'enfer. J'essaie de rester calme, j'appelle l'astreinte de mon service pour les prévenir. Il faut que je fasse une PCR dès que possible. En fonction du résultat, ils me feront des anticorps anti Covid, pour tenter de me protéger d'une forme grave. Je fais ma PCR et puis je me prépare rapidement à partir chez mes parents pour les prochains jours, il ne faut pas que je reste en contact avec Paul. Je commence à être un peu lassée de toutes ces péripéties, il ne se passe pas un jour sans qu'il ne survienne encore une catastrophe… J'ai mon résultat de PCR le soir même, il est négatif. Prions pour qu'il le reste.

Le lendemain, je fais ma prise de sang habituelle. 0,03 G/L de PNN, l'aplasie est encore très profonde. Mais le soir, vers 19 h, je commence à me sentir un peu patraque, j'ai un peu froid. Je me décide à prendre ma température : 38,2 °C. Et voilà ça continue. Je pensais avoir passé une journée sans péripétie, mais non. Les directives de mon service sont les suivantes : en cas de fièvre supérieure à 38,5 °C, appeler directement le service, et en cas de température entre 38 et 38,5 °C, il faut contrôler au bout d'une heure. Leur crainte est l'aplasie fébrile. Comme vous l'aurez compris, cette période d'aplasie est une période où nous sommes dépourvus de toute défense. La moindre infection, même bénigne d'apparence, peut avoir des conséquences très graves. Les médecins sont donc formels et m'avaient déjà prévenue, en cas de fièvre, c'est l'hospitalisation obligatoire pour lancer des traitements anti-infectieux probabilistes. J'attends donc une heure pour contrôler la température. J'ai du mal à cacher mon angoisse pendant le dîner. Les parents parlent de choses et d'autres alors que je ne pense qu'à une chose, cette fièvre qui s'installe. Au bout d'une heure, la fièvre est montée et est maintenant à 38,5 °C. J'appelle mon service, comme prévu c'est l'hospitalisation. En urgence ce soir. Ils m'attendent dès que possible.

Je prépare rapidement une valise avec quelques affaires, moi qui étais partie précipitamment de chez moi hier à cause du COVID, je n'avais pas pris beaucoup d'occupations pour une hospitalisation. Je verse quelques larmes de lassitude, ça ne s'arrête donc jamais, je ne peux donc pas avoir une journée de répit. C'est épuisant. Et puis mon angoisse commence à s'intensifier sur la cause de cette fièvre. La cause la plus probable à ce stade est celle du COVID, une forme grave est-elle en train de s'installer ? Ou est-ce que cette fièvre révèle autre chose ? Une banale infection urinaire ? Une infection de la voie centrale ? Comment cela va évoluer ? Je m'imagine à nouveau en réa pour un choc septique. J'essaie tout de même de me reprendre. Les hématologues sont très habitués à cette complication classique qu'est l'aplasie fébrile. Ils vont faire tout ce qu'il faut pour que ça n'aille pas plus loin. À peine arrivée, je vois le médecin qui décide de me faire un bilan biologique complet pour traquer la moindre infection. Il débute un traitement par Tazocilline en intraveineux, un antibiotique à très large spectre, dont l'objectif est de viser tous les pathogènes potentiels ayant pu m'infecter.

Et finalement le lendemain, le résultat de la PCR COVID qu'ils ont contrôlée à mon arrivée est sans appel : je suis positive. Pour l'instant je me sens bien, je ne tousse pas, je n'ai pas d'autre symptôme que cette légère fièvre que je supporte finalement plutôt bien. Mes médecins sont inquiets : à la fois pour moi, ils craignent une forme grave et veulent me passer des anticorps anti Covid. Et pour les autres patients du service, du COVID dans un service rempli de personnes si fragiles, ce n'est pas une bonne idée… Ils décident donc de me transférer dans le service d'infectiologie de l'Hôpital de la Croix Rousse, où ils sont devenus de grands habitués du COVID et où j'aurai moins de risques de contaminer des patients fragiles. J'avoue que partir dans un service que je ne connais pas ne m'enchante pas, mais bon, pourquoi pas ? D'autant plus que je connais la chef de service, le Pr A., une de nos meilleures professeures, une femme brillante, dévouée à son métier et extrêmement drôle en plus de tout ça ! Ses cours à la fois pointus et pleins d'humour ont toujours été très populaires parmi les étudiants ! Je suis donc transférée dès le lendemain. J'arrive dans un bâtiment flambant neuf, refait il y a tout juste un an, il me semble. Tout est neuf, propre, la chambre est immense, bien équipée, précédée d'un petit sas dans lequel les soignants peuvent s'équiper vu que je suis en isolement COVID. Je suis finalement assez excitée d'être là, dans ce service qui a l'air assez stylé ! On se réjouit de ce qu'on peut… L'équipe est également très sympa : l'infirmière est très drôle, l'interne était dans la même boîte à colles que moi donc nous avons des amis en commun. Ça va bien se passer.

Un nouvel effet indésirable est en revanche en train de poindre le bout de son nez. J'ai mal en allant à la selle depuis quelques jours. Je ne m'en suis pas vraiment préoccupée, et parler de ses fesses n'est pas toujours aisé. Mais l'aplasie étant maintenant bien installée, apportant avec elle l'impossibilité de toute cicatrisation, les douleurs deviennent insupportables. Ce sont des hémorroïdes, me disent mes médecins. Ça a l'air con comme ça, presque un peu la honte. Mais les douleurs deviennent insupportables. Elles sont dorénavant permanentes, pulsatiles, entêtantes. D'autant plus que je suis très constipée par les traitements anti nauséeux. Je n'en peux plus, je supplie les médecins et les infirmières de me donner des traitements pour me soulager. Ils sont tous en train d'envisager l'infection grave que je suis potentiellement en train de faire, les traitements à plusieurs milliers d'euros qu'on pourrait faire pour les prévenir. Moi je ne pense qu'à une chose : mon trou de balle qui me fait terriblement mal. Pas très élégant, désolée…

Mardi 29 février 2022

Nouveau choc, l'aplasie est forte pour Lucie, 0,03 G/l et la fièvre s'installe 38° 2-38° 5. Elle appelle dans le service, on lui dit aplasie fébrile, hospitalisation directe et protocole de prise en charge. Je l'emmène à 21 h, je la laisse avec l'infirmière avec un dernier regard humide. Le lendemain, la fièvre est toujours là et on teste le sang (hémoculture), les urines (ECBU). Et en plein milieu d'après-midi, un résultat non espéré tombe : COVID +. Merde de merde, chiotte de merde, pourquoi cette poisse, ce manque de bol, cette déveine qui nous colle à la peau. Lucie me tombe en pleurs dans les bras. « Une merde par jour », me dit-elle. Pas de répit, c'est peut-être la vie normale dans ce type de maladie, mais ça fait CHIER ! On sait déjà que la cure de chimio et le PET scan de lundi vont être annulés et repoussés à cause du COVID. On nous annonce qu'il faut muter Lucie dans le service d'infectiologie de l'hôpital de la Croix Rousse. J'appelle le Pr G., le chef de service d'hémato, pas très content de la mutation dans un autre hôpital, un autre service, d'autres risques… Il m'explique très gentiment qu'une patiente COVID+ dans un service d'hématologie plein de patients aplasiques, c'est-à-dire sans défense immunitaire, ce n'est pas l'idéal. La seule chose qui me rassure est de savoir que c'est dans le service du Pr A. qui est une excellente infectiologue et qu'elle consulte régulièrement dans le service d'hématologie pour conseiller les antibiothérapies des aplasiques.

L'arrivée dans le service de la Croix Rousse est bien gérée et bien supportée par Lucie. Un service tout neuf, une chambre seule, prévue pour les maladies virales graves (chambre à pression positive).

L'équipe est dynamique et sait ce que COVID veut dire même chez une patiente aplasique. On lui passe des anticorps anti Covid et on attend la remontée des polynucléaires. Le PET scan est repoussé à mercredi prochain et la chimio le lundi suivant. On sait où on va même si le retour au domicile est encore loin d'être programmé.

Ce qui reste de courage est à mobiliser
Ce qui permet la sérénité doit être encouragé

On veut toujours croire au meilleur et résister à cette douleur que l'on perçoit dans le regard de Lucie. La plainte hémorroïdaire, même si elle est habituelle selon les médecins avec ces traitements, prédomine en ce moment et c'est une vraie peine de partager cette souffrance. Eugénie, ma fille aînée, a préféré ne pas venir ce week-end, elle a des symptômes COVID elle aussi. Elle n'a pas de confirmation biologique, mais on préfère ne pas prendre de risques supplémentaires. Elle viendra le week-end suivant. Lucie reste à l'hôpital de la Croix Rousse, l'aplasie fébrile au COVID est à surveiller de près. La fièvre va et vient, on traite avec des antibiotiques intraveineux et on espère la sortie pour dimanche ou lundi.

Margaux et Blanche, deux amies d'enfance de Lucie, sont venues déposer un sac plein de cadeaux pour Lucie. On a discuté avec ces deux belles jeunes filles attentionnées et bien élevées. On a bien papoté, on a même ri et c'était tellement agréable de se remémorer leurs souvenirs heureux avec Lucie. Blanche travaille dans une agence de communication lyonnaise et je lui parle du livre que l'on va écrire avec Lucie, elle promet d'en assurer la promotion…

Au fil des jours, on me fait les anticorps anti Covid, je n'ai presque plus de fièvre, aucun symptôme grave n'est apparu, je me sens plutôt bien. Cela fait déjà 4 jours que je suis à nouveau hospitalisée, j'ai envie de sortir ! Mon angoisse initiale a laissé la place à une profonde lassitude. Je n'en peux plus d'être ici. Ces 15 derniers jours, je n'ai passé que 3 jours à la maison. Et je ne supporte plus cette chambre.

Moi qui la trouvais si spacieuse au début, je me rends compte qu'avec le vis-à-vis je vois à peine le ciel. Et ce fameux sas est un très bon isolant phonique, je n'entends rien de ce qui se passe en dehors de ma chambre. De plus, les visites de soignants sont les plus rares possibles, vu que je suis en isolement COVID, ils font en sorte de limiter les contacts. Donc je suis seule. Désespérément seule avec moi-même. Je ne perçois aucun signe de vie. Parfois je me penche un peu par la fenêtre pour regarder les passants, même dans cette rue il n'y a pas grand monde. Je regarde les voitures passer, les piétons qui marchent, jouissant de cette liberté dont je suis privée. Et je m'ennuie. Je n'ai évidemment le droit à aucune visite. Et je ne sais pas quoi faire. Je ne sais plus quoi faire. Les parents que j'ai au téléphone essaient de me donner des idées. Mouais. La vérité c'est que je n'ai envie de rien faire entre ces quatre murs. Je m'abrutis devant la télé, des séries, histoire de faire passer le temps le plus vite possible. Nous sommes vendredi aujourd'hui et je n'ai pas eu de fièvre depuis bientôt 48 h, je pense pouvoir sortir aujourd'hui. Je m'accroche à cet espoir. Et puis non. Je crois que le plus difficile est là. L'inconnu. Ne jamais savoir ce que j'ai, ce qu'on va faire de moi, ce qui va m'arriver, quand je vais rentrer… Moi qui ai l'habitude de tout contrôler, de faire en sorte que ma vie soit un enchaînement bien huilé d'événements choisis, là je n'ai pas d'autre choix que de lâcher prise. L'équipe a décidé de me garder tant que mes globules blancs ne sont pas remontés, je ne sortirai pas avant dimanche. C'est la déprime totale…

Le dimanche finit par arriver, ma prise de sang est bonne, c'est ENFIN le retour à la maison. Paul vient me chercher. À peine rentrés dans la voiture, il lance la musique « Libérée, Délivrée », que je chante à tue-tête, toutes fenêtres ouvertes, si heureuse de voir le ciel, le soleil, si heureuse de retrouver la vie. Il fait un temps radieux aujourd'hui, on décide d'aller se balader un peu dans les Monts d'Or avec Paul. Puis on passe voir les parents, Maman me donne un petit cours express de couture.

Dimanche 6 mars 2022

Lucie a une prise de sang à 8 h. À 9 h elle connaît son chiffre de globules blancs : 7 G/l, Eureka ! Un chiffre très satisfaisant, suffisant pour une sortie de l'hôpital ce matin. Paul va la chercher. Elle nous envoie à 10 h une vidéo euphorique dans laquelle elle chante à tue-tête dans la voiture de Paul sur la chanson « Libérée, délivrée, je ne mentirai plus jamais… ». Elle sort de l'hôpital, libérée de son aplasie fébrile au COVID. C'est tellement agréable de visionner trois fois de suite cette vidéo en riant aux larmes. Et de la savoir libre et apaisée pour un moment. Elle passe nous voir dans l'après-midi pour prendre une leçon de machine à coudre avec sa mère. Elle a décidé d'apprendre à coudre vraiment, bonne décision ! L'air est léger, l'ambiance est bonne, on appelle Eugénie en WhatsApp et on profite de ce moment joyeux tous les six avec Paul. C'est comme une partie de Scrabble où chacun joue un mot venant de soi pour exister et rester heureux dans le mélodrame.

L'harmonie, c'est quand tout est à sa place
Les enfants, nous, et leur avenir dans la glace

Eugénie me révèle le début de son livre : « Avoir l'Alzheimer, le cancer, des idées suicidaires ou en Ukraine, la guerre ». Comment survivre à tout cela en propulsant des mots dans une fiction, un ensemble de phrases qui en feront un récit dédramatisé, enjolivé, dans une histoire pleine de péripéties qui nous entraîneront vers une issue heureuse ? Est-ce le signe d'un dérangement familial, d'une série d'événements qui nous assaillent et nous dépassent ? En trois ans, les décès de Fabienne (la sœur d'Isabelle), d'Huguette (sa mère), les maladies de Paul Rémi, Eugénie et Lucie nous font penser que le divin ne nous épargne pas, ne nous protège pas ou plus. La malchance nous poursuit et nous voulons y faire face. Nous saurons trouver dans notre vie, nos ressources, notre lien de groupe, des moyens de franchir ces étapes et d'aller vers le meilleur. Peut-être que l'écriture aide à digérer ces passages, à les cartographier, les imprimer au niveau du cerveau, mais cela ne supprime pas la peine collective.

Mercredi 9 mars 2022

À peine le temps de sortir de l'hospitalisation qu'il faut déjà y retourner pour ma prochaine cure. Ils l'ont quand même décalée de trois jours à cause du COVID, mais pas plus, moi qui pensais avoir un peu plus de répit… En plus, cette cure est celle de mon premier PET scan de contrôle. Honnêtement, vu toute la malchance que j'ai eue ces derniers temps, je m'attends à tout. Que ça n'ait pas bougé, voire que ça ait augmenté… Je me prépare au pire dans l'espoir d'être surprise par le meilleur. Rendez-vous à 7 h 30, on est en avance comme d'habitude. Comme à chaque fois, il faut environ 2 h en tout pour terminer l'examen : au moins une heure et demie le temps de nous perfuser le produit puis une demi-heure dans la machine. Je me dirige ensuite vers mon service d'hémato pour débuter ma cure. Tout se passe comme d'habitude, je suis un peu blasée de ces murs que je commence à bien connaître… Claire l'interne vient me voir, elle n'a pas encore le résultat du PET scan, elle me le donnera dès que possible. Honnêtement je ne suis même pas stressée dans cette attente, je suis tellement blasée que je me suis mise en tête que le résultat sera mauvais. C'est comme s'il n'y avait plus de suspense, je suis sûre qu'il sera mauvais. Et en milieu d'après-midi, Claire revient me voir, un grand sourire aux lèvres. Le résultat est excellent, elle est ravie, elle me dit que je ne suis pas encore tout à fait en rémission, mais qu'on en est tout près. Whaaaaat ? En rémission ? Concept auquel je n'avais même pas encore pensé. La rémission. La disparition de la maladie quoi. Cela fait tout juste un mois que j'ai débuté les traitements et on me parle déjà de rémission ? Claire revient en ayant pris une photo avant-après de mon PET scan. L'image est saisissante. On distingue bien sur l'image initiale cette énorme masse d'un noir profond. Sur le cliché actuel, rien. Rien de visible à l'œil nu. Le médecin nucléaire a détecté quelques traces de prise de contraste qui l'empêchent de conclure à la rémission. Mais on en est si proches. C'est incroyable, je ne m'y attendais pas du tout ! Je suis à la fois excitée et très émue, je verse quelques larmes de joie. J'écris des messages à tout le monde pour les mettre au courant. Comme quoi, tous ces efforts ne sont pas vains.

Grand jour aujourd'hui. C'est le jour J, celui du PET scan qui doit évaluer l'efficacité des deux premières cures de chimiothérapie. Je me lève à 5 h 30, un peu tendu, mais adapté à la situation. Je suis chez Lucie à 6 h 30, on part sans pression, avec suffisamment d'avance pour arriver sereinement au PET scan. À 7 h 5 on y est et je bise Lucie en lui souhaitant faussement distraitement une bonne journée. Arrivé au travail, je regarde le tirage de l'euromillion que l'on joue maintenant systématiquement avec les chiffres donnés par Lucie. Et nous avons gagné ! Deux numéros justes ! Cela fait un gain de 6,75 euros ! C'est peu, mais c'est suffisant pour représenter enfin une bonne nouvelle que je partage tout de suite avec Lucie. Un petit peu de chance, c'est cela de pris sur l'adversité. On en rit avec Lucie et on apprécie notre premier gain depuis que l'on a commencé à jouer. Ensuite la matinée est une attente longue et usante du résultat de ce satané PET scan. Je téléphone, Isabelle envoie un SMS, je renvoie un message et toujours rien à 11 h, 12 h, 13 h, 14 h…

C'est seulement à 15 h 20 que Lucie nous envoie enfin le message suivant sur WhatsApp : « Mesdames, messieurs, j'ai l'honneur et le bonheur de vous transmettre le résultat de mon PET scan qui est EXCELLENT ! La masse noire a fondu comme neige au soleil (enfin comme cancer sous chimio) ». Elle joint à ce message les images avant après chimiothérapie. La différence est impressionnante en effet. La réduction de volume est de plus de 80 % et les quatre images jointes, en corps entier et en coupe thoracique, objectivent de manière évidente la réduction très conséquente du volume de la tumeur. L'intensité du soulagement est à la hauteur de la tension vécue pendant l'attente du résultat. Les messages d'Eugénie, ravie, et d'Isabelle, aux anges, confirment le réel contentement de tout le monde.

J'appelle Lucie tout de suite après ma réunion de Licence et on rit, on rit tous les deux de ce magnifique résultat de la chimio, on rit aussi du gain ridicule du loto. Mettant en regard les 6,70 euros de gain et la réduction de la masse tumorale. On rit béatement, on rit bêtement, on est simplement heureux de ce premier résultat tangible de l'efficacité du traitement. Reste que ce n'est pas encore une rémission complète, dixit l'interne, et qu'il faut donc attendre et continuer le traitement comme si de rien n'était. Admettre que l'on ira jusqu'au bout de ces foutues cures et de ces satanés effets secondaires. Après cette nouvelle, je suis littéralement « rincé » physiquement et psychiquement. C'est le terme qui me vient spontanément tellement j'ai la sensation de fatigue intense, de satisfaction mêlée de bouffées d'étourdissement et de sidération. Un peu comme après une victoire sportive ou un succès académique. Une forme d'éblouissement par la lumière de cette nouvelle qui a quelque chose d'irréel. Je finis l'après-midi dans un état un peu second, comme étalé sur les restes de mon psychisme en partie laminé. Les mots semblent un peu forts, mais en réalité, les mécanismes de défense, de déni, sont probablement très consommateurs d'énergie et non perçus à la hauteur réelle de leur intensité. Comme si on conservait une forme de conscience en état stable, alors que la réalité est un état heurté, bousculé et décalé par rapport à l'homéostasie routinière.

Le lendemain, nous recevons une carte postale de Lucie, pleine de détachement et d'humour : « Je vous écris depuis mes vacances dans le Sud (enfin à l'hôpital Lyon sud !), depuis ma chambre avec vue forêt ». Comme si une distance salutaire entre sa maladie et la vie réelle devait être installée et communiquée. La force de faire cela et la douceur que cela nous transmet, un baume… Je la vois à sa sortie d'hospitalisation avec Eugénie. Elle fait bonne figure, mais est très pâle et a l'air très fatiguée. Elle consent à l'avouer, mais je ressens l'effort qu'elle fait pour nous présenter la meilleure image possible, celle qui ne devrait pas nous inquiéter. Comme si paradoxalement, c'est elle qui prenait soin de nous dans cet épisode plein de douleurs et de réactions anxieuses.

Elle

Je ne sais pas, je ne sais plus, je ne vois pas quelle est l'issue
Je n'apprends plus rien, je ne veux plus voir, ce qui m'attend, cet éteignoir
Apprendre à rire, penser le bien, se défendre des dires, ne vouloir rien
Je vais partir, c'est bien le moins, sentir le vent, filer très loin

Comme une envie, comme un besoin, un long chemin vers les recoins
Celui de l'espoir sain, la guérison, une belle histoire, vie pour de bon
Donnez-lui cette parfaite chance, ce beau parcours, cette longue danse
Ce bel amour, cette félicité, une envie d'enfant, l'éternité

Dimanche 13 mars 2022

Lucie va faire sa chimio ce matin. Je me réveille avec les images persistantes d'un rêve angoissant. Je suis à l'aéroport de Lyon Saint Exupéry pour un départ vers les États-Unis avec un ami cardiologue Guy D de G et son interne Mélina F. Je discute avec eux et de manière un peu machinale, je tripote mes doigts de pieds. J'ai enlevé mes espadrilles, nous sommes en été. Et je commence à inspecter les ongles de mes orteils. Je remarque que l'ongle de mon plus petit orteil est tombé et qu'il est remplacé par une prolifération de petits copeaux marron, comme une fine sciure de bois, mais dans une couleur marron foncé, presque chocolat. Je commence à enlever ce petit amas de matière avec deux doigts de la main. Je me rends compte que plus j'en enlève, plus il en apparaît à l'emplacement de mon ongle. Je continue à parler à mes interlocuteurs en arrachant distraitement ces petits bouts de matière marronnasse qui sortent de mon petit orteil. Au bout d'un moment, je réalise que ces bouts de sciure ont envahi l'espace autour de nous. C'est l'instant que choisit Guy D de G pour me dire qu'il connaît cette prolifération de parasites. Qu'ils sont apparus récemment dans nos contrées et que cela mérite d'être traité vigoureusement par une chimiothérapie adaptée.

C'est sans doute ce mot qui me réveille et me soulage de retomber dans une réalité apaisante. Mais j'ai encore cette sensation désagréable d'être envahi par cette vermine, comme si elle avait rempli tout l'espace autour de mes pieds. Le lien avec la prolifération tumorale de Lucie m'apparaît non fortuit. Mais l'impression que je garde est plutôt celle d'une banalisation de la maladie. Quand je retire ces centaines de micro-organismes de mon pied devant mes collègues Guy et Mélina, rien ne me paraît anormal. On est en plein aéroport, en public et je disperse tous ces parasites d'un revers de main dans tout l'espace qui nous entoure, sans me formaliser le moins du monde. Comme si j'avais envie de transmettre à tous les gens présents la matière proliférante, considérant que ce n'est pas si grave que cela d'être malade. Je ne garde de ce rêve qu'une vague impression de mauvais goût dans la bouche psychique. Un mauvais rêve, pas plus, mais pas moins.

Lucie et Paul sont avec nous cet après-midi. Lucie se met à lire distraitement mon récit visible sur l'ordinateur. Elle lit deux paragraphes où j'évoque le fait qu'elle fait attention à nous, qu'elle prend garde à ne pas trop nous inquiéter avec ses symptômes. Je lui demande si cela est vrai ce que nous ressentons avec Isabelle. Elle me confirme « Oui, oui ! », comme elle a coutume de répondre quand elle trouve que la question a peu d'intérêt et ne mérite pas de commentaires particuliers.

Lundi 14 mars 2022

Deux bonnes nouvelles aujourd'hui. Lucie n'a ni chimio, ni examen, ni hospitalisation cette semaine. Alléluia ! Sauf si elle entre en aplasie fébrile, on croise les doigts. La deuxième bonne nouvelle est la sortie de mon premier livre, « Envie de vie » – *un recueil de poésie où l'harmonie des mots apaise les tourments de la vie* comme je l'ai écrit dans le résumé de la quatrième de couverture. Évidemment le titre avait été choisi avant la maladie de Lucie, mais je ne peux pas m'empêcher de penser que cela donne de l'élan vital dans le contexte… J'envoie l'annonce du livre par message à mes groupes WhatsApp et je reçois des messages d'affection et de félicitations qui font bien chaud au cœur. C'est une émotion nouvelle cette première édition de mes écrits dévoilant les facettes plus ou moins lumineuses de ma personnalité.

Rien de très concret, mais j'ai une sensation forte à la lecture du message de la correctrice de mon deuxième ouvrage, le roman « Maëlle met les voiles ». « Je tiens d'abord à vous rassurer sur le fait que votre récit est vraiment très bien, ensuite à vous féliciter pour votre style, tout à fait excellent et agréable à lire, avec peu de fautes par rapport à ce que j'ai l'habitude de corriger… ». Évidemment, je me demande quelle est la part de flatterie dans ce propos, mais je prends cela au premier degré et avec beaucoup de plaisir que je m'empresse de transmettre à Lucie et à ma petite famille. Je reçois la version corrigée et je m'attaque tout de suite à la réalisation de toutes les corrections demandées. J'en parle à Lucie qui m'encourage, me demande des précisions sur la vente du recueil de poèmes « Envie de vie » et me rassure sur le faible niveau des ventes (6 en une semaine !). « Ce n'est que le début. Tu m'en donneras un exemplaire, je n'ai pas besoin de le commander ? ». Bien sûr ma belle, tu seras servie dans les toutes premières. C'est un moment d'excitation pour l'ensemble de la famille. On a ces petites victoires pour rester convaincus que la vie n'est pas toujours faite de mauvaises nouvelles. Que les tourments ne sont pas quotidiens et que l'on peut se nourrir de ces petites réussites familiales partagées. Bon, on a encore gagné 2,60 euros à l'Euro-Millions, c'est énorme encore ! C'est idiot, mais ça fait du bien un petit moment…

Quel rêve horrible ! J'entends du bruit derrière la porte de l'appartement. Je vais ouvrir et je la vois. Lucie est là, sur les marches, recroquevillée dans une position impossible. La tête en bas, contre le sol, le corps comme enroulé autour de ce visage, en position d'œuf à l'envers. Le regard figé, la pâleur du visage, tout fait peur dans cette image. Ce n'est même pas l'image de la mort, c'est celle de la souffrance, immobile, une souffrance indicible et discrète, contenue et crispée. Un visage tendu et blême, enserré dans les griffes de la maladie et entouré par un corps noué et fragile. Un corps mal placé, en boule, au-dessus d'une tête renversée. Dans cette position anormale, c'est comme si cette tête supportait tout le poids de ce corps malade et souffrant.

Je me réveille envahi par la peine, effrayé par la laideur de cette image, traumatisé et angoissé par ce visage. Je me demande à quelle prémonition funeste cette image détestable me prépare. Je cherche à la chasser de mon esprit, mais elle revient, tenace et toxique, comme si elle cherchait à imposer un point de vue délétère à ma rationalité. Cette raison qui me dit qu'elle va mieux, qu'une grosse partie de la tumeur est éliminée par la chimiothérapie et la force positive de Lucie. Je la vois en visio réelle en fin de matinée. Elle va bien, elle coupe des pommes pour faire une compote et elle se prépare à recevoir une amie. Elle est pleine de vie, complètement différente de l'image du rêve. Je lui raconte partiellement et de façon édulcorée ce rêve, elle me rassure, elle n'est pas du tout ce petit bout de femme recroquevillée la tête en bas.

Elle me fait rire, elle a déjà identifié des cadeaux pour l'anniversaire d'Isabelle. Elle sait trop que je m'y prends toujours à la dernière minute pour acheter des cadeaux. J'accepte toutes ses propositions, le petit pull en cachemire, le fauteuil en osier pour les Collerettes. Cela m'aide à éliminer cette frayeur nocturne et à reprendre le cours de la vie normale. Celui d'une fille et d'un père qui complotent un anniversaire, ces moments convenus de bonheur familial.

Rêve à l'envers

Tu rêves cette affreuse image, l'inverse d'un visage
Tu revois ce corps, comme blotti dans une cage
Tu vois l'image, celle de ta fille, les yeux trop fixes, tête à l'envers
L'ensemble des membres autour, serrés comme en enfer

Reprends tes sens, recouvre l'esprit
Survis à tes peurs, évite le cri
Tu vas revoir le rêve, sentir l'effroi
Tu vas subir l'émoi, trembler de froid

Tu reviens à la vie, tu te soulages
Tu parles à la vraie Lucie, à son courage
Tu retrouves le visage, bien à l'endroit
Plein d'expressions, de bon aloi

On se détend, on rit, on se rassure
On aime l'échange, on est dans le sûr
C'est une évidence, c'est clair et objectif
Une larme de patience, un coup d'œil furtif

Chasse l'image et rejette la fiction
Aime le réel et retrouve la raison
Tu vas tenir le cap, l'itinéraire
Tendre les voiles, rejoindre la terre

Passe ta main, donne la douceur
Vois le destin, transmets ton cœur

La cure se déroule comme les autres. Les mêmes effets secondaires, à peu près au même moment. Au moins ça me permet d'anticiper un peu les moments où je me sens mieux et où je peux prévoir des choses. Le mardi 15, Paul ne travaille pas, on décide d'aller se faire un petit resto en amoureux. Trop contente, je réserve un super resto dans le deuxième arrondissement, en face de l'abbaye d'Ainay. Peu après m'être levée le matin même, je commence à avoir une aura visuelle, un début de migraine. Je prends vite un Triptan, que mes médecins m'ont prescrit vu que je ne peux plus prendre d'ibuprofène. Les maux de tête s'installent malgré le médicament. Je commence à me sentir de plus en plus mal, je suis également nauséeuse. Vers 11 h, je vais me coucher un peu, me disant qu'une petite sieste me ferait du bien. Et mon état se dégrade. Mes céphalées migraineuses ne font qu'augmenter d'intensité, j'ai envie de gerber. Je suis recroquevillée dans mon lit, dans le noir, incapable de faire quoi que ce soit. Bon maintenant ça devient évident, il faut annuler notre resto. Paul appelle le restaurant, je pleure doucement, tellement déçue. Dès qu'une lueur de joie se présente dans ma vie, un imprévu arrive et je suis obligée d'y renoncer… Je finis par prendre du Laroxyl, recommandé par le neurologue que j'avais vu pour la thrombophlébite. Très efficace sur les céphalées, en trente minutes je n'ai plus mal, mais ça me shoote totalement. Je m'endors directement. J'arrive à peine à émerger vers 19 h quand Paul me réveille pour que je mange quelque chose, avant de me rendormir jusqu'au lendemain matin…

Le jeudi 17 mars, c'est le retour de l'aplasie. On a quand même invité un couple d'amis, Justine et Quentin, à dîner ce soir. J'ai préparé un gratin de ravioles aux courgettes et au saumon, on va se régaler et passer une bonne soirée. Ils doivent arriver vers 20 h. Et à 19 h 45, je retrouve cette sensation. Cette impression d'une légère chair de poule. Un peu froid. Comme quand j'ai de la fièvre... Je n'ose même pas prendre ma température, pas de fièvre ce soir, s'il vous plaît, nos amis sont à deux doigts d'arriver, ça casserait vraiment trop l'ambiance. Je finis évidemment par la prendre, 38,2 °C. Bon on est encore en dessous des 38,5 °C, encore une chance que ça ait diminué dans une heure. Je commence quand même à me préparer une petite valise, on ne sait jamais. Et puis Justine et Quentin arrivent, on commence à prendre l'apéro et je finis par prendre à nouveau ma température. 38,6 °C. Ok cette fois c'est mort, il faut que je prévienne mon service. La médecin me réserve un lit, elle me dit de prendre mon temps pour dîner avant de venir. On mange sans trop tarder mon gratin de ravioles. Heureusement nos amis sont médecins aussi, ils comprennent. Mais je suis embêtée de les mettre dans cette situation un peu délicate. Ils finissent par partir, on part donc illico direction Lyon Sud. Tout ça a comme un goût de déjà-vu, on me lance les mêmes traitements que la dernière fois. Je suis vraiment blasée...

Jeudi 17 mars 2022

21 h 30. Ça y est ! Viviane M, la correctrice de mon roman, m'a renvoyé le manuscrit final avec le Bon à Tirer et ma fiche auteur remaniée. Elle a parfaitement conclu le travail en modifiant deux derniers passages et en réduisant le résumé au strict nécessaire sans perdre en contenu et en gardant le suspense. Le livre, en format 15 par 22, va faire 198 pages en vingt chapitres.

Quinze minutes plus tard, la mauvaise nouvelle tombe. Lucie est en aplasie fébrile. Zéro globule blanc et une température à 38° 6. Hospitalisation immédiate, antibiothérapie intraveineuse, surveillance soigneuse, isolement. Rien ne lui sera épargné, une lutte de chaque instant, de tous les jours, qui va encore durer cinq mois. On va vivre cette longue période avec chaque semaine de nouveaux événements, attendus et inattendus. Un broyeur à psychisme, une érosion progressive de notre énergie et de nos défenses. Tenir, le mot à retenir ! Serrer les dents, ne pas croire aux prémonitions, aux mauvaises intuitions, espérer le meilleur. Rester debout, maintenir la nuque raide et l'épaule solide.

Samedi 19 mars 2022

C'est la Saint-Joseph. On va aux Collerettes avec Isabelle. On rencontre les voisins, Fred, Marie, Bernard, Catherine et le petit Paul Isaac. Ça fait du bien, les jonquilles et les jacinthes du jardin, l'odeur de l'herbe coupée et le repas sous le soleil voilé des poussières sahariennes qui ont envahi la région ce week-end. On ramène un bon petit repas pour Lucie avec œuf Meurette, poulet à la crème et Pavlova.

Le matin, Lucie m'a appelé pour me dire qu'à la dernière administration d'antibiotiques, il y avait eu une erreur de produit, Rovamycine plutôt que Tazocilline. Lucie s'en était rendu compte et l'avait signalé à l'infirmière qui lui avait tout de suite changé sa poche. Quand je viens manger avec Lucie le soir, je le signale à l'infirmier en lui disant qu'il ne faudrait pas commettre une erreur pareille sur la chimiothérapie. Il accuse le coup et avoue qu'il s'agit d'une erreur de l'infirmière de nuit. Il me baragouine ensuite, sur l'air de la blague, que pour la qualité des soins, il faut suivre un tas de procédures « Comme si on n'avait que cela à faire ! ». On reste en bons termes, mais je ressens l'agacement du professionnel qui n'apprécie pas cet échange.

Au moment de manger avec Lucie, je demande à l'infirmière si elle peut réchauffer au micro-ondes le repas que j'ai amené, le fameux poulet à la crème et aux morilles. Ce qu'elle accepte. Peu de temps après, l'infirmier fait une entrée théâtrale en même temps que les plats réchauffés et nous annonce qu'il n'est pas admis par le service de consommer de tels plats venant d'un traiteur lorsque l'on est en aplasie. C'est donc strictement contre-indiqué pour Lucie. Il ajoute que je peux en manger moi, bien sûr, mais que c'est une contre-indication formelle pour Lucie. On ne peut pas savoir dans quelles conditions les plats ont été préparés et dans quelles précautions de conservation ils ont été amenés donc le risque est trop grand. Pour couronner le tout, l'infirmier nous raconte l'histoire de cette femme malade, en aplasie, qui avait contracté une toxoplasmose en consommant la viande de cheval que lui avait amenée son mari. C'est un peu la vengeance du Jedi par rapport à l'épisode précédent de l'erreur d'antibiotiques, mais on accepte la consigne et Lucie mange les Nuggets épinards en boîte plastique blanche du repas hospitalier avec un sourire contrit. Elle va prendre un petit bout de poulet à la crème et une noisette de Pavlova, mais cela reste très raisonnable et surtout très frustrant pour elle.

Ensuite on parle du livre que l'on va écrire ensemble. Lucie a trouvé le titre : « Masse noire ». Je demande à Lucie si on peut y ajouter : « … et blancheur de l'âme ». Mais elle n'aime pas, un peu trop intello et pas assez percutant. J'acquiesce, elle a raison. Elle accepte de me montrer les premières pages de son récit écrit à l'encre bleu pastel sur son cahier d'écolière à carreaux. Le texte est très dynamique, émouvant et souvent drôle malgré la gravité du propos. Je l'encourage à continuer à écrire, c'est un beau projet ce récit à quatre mains avec des poèmes alternés. Elle me dit : « oui oui, euh oui oui », son gimmick de femme occupée.

Encore un rêve horrible cette nuit ! Mon ami de toujours, Thierry C, m'appelle. Il a une voix déformée comme celle d'une aphasie d'accident vasculaire cérébral, hachée et souffrante. Je comprends cependant très bien son message. Il m'annonce le décès de son épouse Carole et me demande de venir le rejoindre dans sa maison dans la vallée de Chevreuse. J'accepte, abasourdi, accablé, profondément attristé par cette nouvelle. Je prends immédiatement la route et commence alors un grand classique des rêves désespérants, englués dans les incapacités. Je ne trouve pas le chemin, je m'énerve sur le GPS, je demande à des personnes sur la route qui m'envoient sur une impasse. Je fais demi-tour, je fulmine, je rage, mais rien ne me ramène sur le bon itinéraire. Je me réveille dans une humeur exécrable, plein de cette ambiance de drame et d'impuissance à agir. Le réveil me soulage, mais me laisse cette amertume et la tentation stupide d'appeler Thierry pour m'assurer qu'il ne s'agit que d'un mauvais rêve, un cauchemar inutile. Évidemment, je renonce à l'appeler comme je m'abstiens aussi d'en parler à mon épouse, à mon fils pour ne pas ajouter de la tristesse à la morosité. Pourquoi partager ses idées noires quand elles sont aussi inutiles ?

Ce jour-là, le dépit de travailler me reprend. C'est quoi le « dépit de travailler » ? C'est un genre de sentiment diffus qui survient quand on ressent une forme de dégoût et d'usure dans les activités quotidiennes. Cette impression me saisit ce matin-là quand je prends les premiers messages sur mon ordinateur et que je n'ai envie de répondre à aucun d'entre eux. Je reçois des demandes d'étude qui, dans un passé récent, m'auraient stimulé de façon immédiate. C'est dans ces moments que se pose la question de l'arrêt complet de mon activité, c'est-à-dire mon départ à la retraite. Je reste lucide sur mon envie d'arrêter qui est paradoxalement presque aussi forte que celle de continuer à travailler. Mon incapacité chronique à demander le calcul de ma pension de retraite est forcément significative d'un point de vue très ambivalent sur le moment de l'arrêt. Mes occasions de satisfactions professionnelles deviennent un peu plus rares et plus fugaces. Bien sûr le contexte de la maladie de Lucie produit un écran de brouillard psychique qui ne donne pas beaucoup de clarté à mes envies diverses et variées. Les heures passées à éviter les activités lassantes ou à procrastiner les activités répétitives sont un marqueur cruel de la fin de carrière.

Jeudi 24 mars
Quatrième cure

Allez dernière cure de R-ACVBP, dernière cure agressive, on tient le bon bout ! Papa ne peut pas m'emmener cette fois donc j'y vais en taxi. Le chauffeur de taxi m'attend en bas de ma porte à l'heure prévue. En me voyant arriver, je vois qu'il hésite à venir vers moi, il finit par arriver surpris. « Je ne m'attendais pas à voir une jeune fille ». Et oui, il n'y a pas que les vieux qui sont malades...

Vendredi 25 mars 2022

J'appelle Lucie tous les jours sur WhatsApp vidéo pour la voir et ressentir sur le visage les conséquences psychiques et somatiques de ce mal et de son traitement. Depuis deux semaines, elle me répond sans son foulard ni sa perruque. Je découvre chaque jour un peu plus la blancheur de ce crâne parsemé de quelques rares touffes de cheveux très courts. Ce visage m'impressionne. Il exprime les stigmates de cette maladie, mais aussi la force paisible de celle qui veut guérir. L'absolue ténacité d'une fille, d'une femme qui veut vaincre l'adversité. Je la regarde sans trop croire à cet évident espoir auquel je m'associe en parlant d'autre chose. Des détails de la prochaine chimio à la couleur des Kinder Bueno, je cherche à identifier ce qui fera la suite du parcours, les bons moments de la journée et de la semaine.

Matin de pluie

Plus je pense à la pluie
Plus je pense à la nuit
Plus me reste une sensation de vie

Un éclair de lumière sur ce visage
Habitué à la patience de l'image
À la longueur du temps qui rend sage

On passe un week-end tous les cinq avec les enfants. Le matin du samedi, à 8 h, je reçois les quarante exemplaires de mon recueil

« Envie de vie ». On le fête au champagne et dans les rires. Cinq exemplaires trônent sur la table basse et nous scandent ce slogan « Envie de vie », ce désir, comme un hymne qu'il faut chanter et croire. Je perçois aussi la crainte de ma propre finitude. Celle qui logiquement est la plus proche, celle que je sens comme une évidence, celle que je tente de masquer dans mon esprit et d'immortaliser dans ces écrits.

Samedi 26 mars 2022

On conspire avec Lucie pour l'anniversaire d'Isabelle. On se donne rendez-vous dans un magasin de brocante pour acheter le fauteuil en osier, le très beau vase en verre vert clair et le petit meuble à couture très vintage. On est heureux de nos achats ajoutés au petit gilet en laine couleur sauge acheté sur internet. On a presque l'impression en agissant de la sorte que la maladie n'est plus là, que les événements sont redevenus banals, pleins de normalité. Quelque chose veut nous faire penser que rien ne peut nous empêcher de vivre comme à l'habitude. De faire plaisir à la mère de famille, de s'occuper de quelqu'un d'autre que Lucie et sa maladie. Lucie prend des initiatives, échafaude un repas surprise le jour de l'anniversaire. Elle planifie, achète les plats, maîtrise l'organisation. Elle jouit du plaisir qu'il y a à faire plaisir et à ignorer pour un temps son statut de fille assistée, accompagnée dans sa maladie.

Sous l'impulsion de Lucie, tout est réussi. Le repas du dimanche avec Papy Georges et le gâteau à deux grosses bougies 5 et 9. Et le repas-surprise du mardi avec les plats et gâteaux de chez Vatel. Si Lucie n'était pas complètement chauve, on pourrait croire que rien n'est inhabituel dans cette famille. Ce rituel de l'anniversaire avec gâteau, cadeaux, bougies à souffler et chanson à l'unisson rassure tout le monde. La vie est donc comme avant, comme avant le choc de la maladie et de son cortège d'inquiétudes. Les photos aussi sont rituelles, celles du moment où sont soufflées les bougies et celles des enfants rassemblés autour de la mère fêtée. On a un moment d'émotion en pensant aux absentes, Fabienne, Huguette, qui manquent si fort à Georges, Isabelle et nous tous. Ces années qui passent, ces événements qui nous blessent et nous rapprochent. C'est vertigineux de sentir, de subir l'incroyable rapidité du temps qui passe. Le réaliser, l'admettre, le reconnaître n'y change rien.

Lucie est là, un peu pâle, allongée sur le canapé du salon. J'ai de la peine à admettre qu'elle a déjà eu quatre cures de chimiothérapie et qu'elle va bientôt avoir son PET scan de contrôle. Le troisième, qui va nous indiquer l'évolution du mal ou la régression de la tumeur et de ses ganglions. On attend évidemment ce moment, cette nouvelle étape avec impatience. Avant cela, Lucie a trois bonnes semaines de repos, sans traitement et avec un beau projet de vacances avec Paul. Et si tout se passait bien ? Sans aplasie fébrile, sans douleur, sans fatigue et sans insomnie. Une trêve bienvenue avant le combat des huit cures supplémentaires qui vont nous conduire jusqu'au milieu de l'été. Et ses possibilités de guérison, de rémission complète.

Mercredi 30 mars 2022

Il est 5 h 38. Ça fait officiellement 2 h que je gamberge dans mon lit. Un réveil nocturne de plus. Je crois que je n'ai pas fait une seule nuit complète depuis le début de tout ce merdier. Une fois j'ai soif. Et puis après j'ai envie de faire pipi. Et puis j'ai faim. Et puis j'ai mal. Et la fois d'après c'est la bouffée de chaleur. Autant d'occasions de gâcher mon sommeil. D'habitude je me rendors facilement. Cette semaine je n'y arrive plus. J'en suis à ma troisième insomnie consécutive. Je me suis levée tout à l'heure vers 3 h 30, réveillée par la soif et ma mucite en fond de gorge. Un grand verre d'eau et un bain de bouche plus tard, je me recouche. Mais impossible de trouver le sommeil. Je tourne, je me retourne dans mon lit. Je retrouve cette sensation étrange d'être à la fois épuisée et en même temps de ne pas arriver à trouver le sommeil. Je finis par me lever. Ma psy dit qu'en cas d'insomnie il vaut mieux sortir du lit pour mieux y revenir. Je me lève donc, je vais manger un truc. Et je me pose dans le canapé, bien au chaud sous le plaid. Il est 5 h 38. Il y a quelques lumières à l'extérieur, les lumières de la ville, des tours de la Part Dieu, les lumières qui ne s'éteignent jamais. Je distingue mon ombre sur le mur. L'ombre de ma tête, d'un ovale parfait, sans relief. Sans cheveux. Mais bordel qu'est-ce que je fous là ? Comment je me suis retrouvée parachutée dans cette vie aussi merdique ? Je fonds en larmes. D'épuisement, de lassitude. Je ne suis même pas sûre que ce soit de la tristesse. Je me sens vide. Vide d'énergie, vide d'émotions.

Alors dans l'obscurité de mon salon, je me décide à écrire. Ça fera plaisir à Papa, lui qui me met la pression pour finir notre futur Prix Goncourt. Les paroles d'une chanson de Grand Corps Malade me viennent en tête :

Mais tu t'es mise à chanter, même pas par choix
Comme à chaque chute, à chaque fois, ça s'est imposé en toi
Chanter, comme un enfant surpris
Comme un instinct d'survie, comme un instant d'furie
Chanter pour accepter, exprimer, résister, avancer, progresser, exister
Chanter comme une résilience, une délivrance
Chanter comme une évidence

Tout pareil, mais vous remplacez chanter par écrire. Merci Grand Corps Malade d'avoir formulé joliment ma pensée, je ne l'aurais pas mieux dit moi-même ! Je n'aurais pourtant jamais pensé à écrire avant tout ce pétrin (vous noterez le champ lexical filé de la pourriture : merdier, pétrin). Je n'ai jamais songé à écrire, mais j'ai quand même assidûment suivi mes cours de français au lycée. C'est vrai, on a déjà deux écrivains dans la famille, Eugénie la créative, l'artiste, toujours un carnet à la main depuis qu'elle est petite. Et puis Papa, qui s'y est mis, sur le tard certes, mais qui depuis quelques années ne lâche plus son stylo et qui a publié récemment son premier recueil de poèmes. Non moi je n'étais pas faite pour ça. Moi je suis la scientifique de la famille, la rationnelle. J'ai toujours regretté de manquer d'imagination, de créativité. C'est vrai, en arts plastiques, je ne savais jamais quoi faire du thème qui nous était donné. Je zieutais ce que faisaient mes camarades en quête d'inspiration. Mais aujourd'hui, la source d'inspiration est toute trouvée. Ma vie. Un peu pourrie.

Cette quatrième cure me semble être un long tunnel dont je ne perçois pas la fin. Je ne sais pas pourquoi j'ai un tel ressenti. Le moindre petit symptôme m'est devenu insupportable. Je ne supporte plus d'avoir la bouche pâteuse. Les mains desséchées. Les nausées. La fatigue. Et je ne parle pas des hémorroïdes. Tous ces symptômes dont je me réjouissais de la bénignité au début de la chimio. Aujourd'hui je ne les supporte plus. Bientôt deux mois à vivre avec, à cohabiter. J'ai l'impression d'être une enfant capricieuse. Mes premiers résultats médicaux sont excellents, il s'agit de la dernière cure agressive, je vais avoir une semaine de vacances avec mon amoureux, je n'ai que des raisons de me réjouir. Et pourtant. Je n'y arrive pas. Ou plutôt je n'y arrive plus. Tout le monde me dit depuis le début à quel point je les impressionne, à quel point je suis courageuse, positive. Et depuis le début, je ne me sens pas particulièrement exceptionnelle. Je pense qu'on a en chacun de nous une petite source de vie, bien cachée, qui ne se dévoile que lorsqu'on se retrouve dos au mur. Elle est peut-être plus ou moins vive en fonction des gens cette petite source. N'empêche que moi ce matin, je crois qu'elle est en train de se tarir. Je n'ai plus d'élan vital. Ou si peu. La moindre activité, le moindre geste, la moindre parole me demande un effort. Ça y est, ils m'ont tout pris. Jusqu'à ma dernière étincelle d'énergie. Gobée par la chimio. Hier c'était l'anniversaire de maman. On lui a fait la surprise d'aller déjeuner avec elle le midi. Elle était contente. J'ai essayé d'avoir l'air joyeuse, mais en moi ça sonnait creux, je suis si fatiguée.

Mon dieu, je me rends compte en écrivant qu'on dirait presque la dernière lettre d'une personne prête à se suicider. « La source qui se tarit, la dernière étincelle de vie blablabla ». Bon calmons-nous, je n'en suis pas là non plus. Je crois que je vais arrêter là mes tragiques envolées lyriques. On va dire que c'était mon moment drama-queen. Il faut bien que je me plaigne un peu quand même…

Bon 6 h 44, on va tenter un retour au lit…

Jeudi 31 mars 2022

Allez, une bonne nuit de sommeil (merci le somnifère) et ça va un peu mieux. J'ai même l'énergie d'aller faire des petites courses le matin, j'achète un splendide arrosoir un peu design chez Monoprix. Bon ok tout le monde s'en fout, mais moi j'étais ravie de ce petit arrosoir si charmant. Je me tiens quand même tranquille l'après-midi, car on reçoit ce soir Marie et Mathieu, nos supers copains de fac, donc il faut que je sois en forme ! Mission réussie, on passe une super soirée, on rigole, je suis super contente !

On va aussi voir le one-man-show de Tristan Lopin le lendemain soir, on s'est bien marrés !

Mais dès le samedi matin, je me retrouve à nouveau toute seule. Paul a un cours de cuisine ce matin que ses copains lui ont offert pour son anniversaire. Donc je me retrouve encore en tête à tête avec ma télé dès le petit déjeuner. Je n'en peux plus. D'être toute seule. De n'avoir l'énergie de rien faire. De ne servir à rien. Je n'en peux plus de cet appart, dieu sait qu'il est sympa notre appart, mais là je ne peux plus le voir en peinture. Je pleure, je pleure, je pleure, je n'arrive plus à m'arrêter. En plus, les parents m'avaient proposé de venir dans notre maison de campagne aux Collerettes et j'avais refusé pour aider Paul à ranger l'appart et à faire réparer notre pneu crevé cette semaine. Mais j'ai besoin d'y aller. J'ai besoin de partir, de sortir de cet appartement et de mon quotidien si répétitif et sans relief (comme mon crâne, LOL). J'attends donc que Paul rentre de son cours, on va vite faire réparer le pneu et il est d'accord pour m'accompagner après aux Collerettes.

Samedi 2 avril 2022

On part aux Collerettes avec Isabelle. Lucie nous a dit vouloir rester à Lyon avec Paul. On voit le menuisier, très content de ce qu'il a fait et nous encore plus. L'escalier, le placard sous l'escalier, les étagères en bois brut. Tout nous plaît, on remercie, je lui dédicace même un recueil de poèmes qu'il prend, un peu gêné, en bredouillant qu'il va le donner à sa femme… Ce sont de bons moments. On voit ensuite notre voisin Bernard G à qui je dédicace aussi un recueil.

Et après ces civilités, on appelle Lucie sur WhatsApp. « Ça va Lucie ? – oui oui, oui oui… ». Le visage est très pâle, les lèvres blanches, les cernes plus marqués, le sourire absent. Il faut peu de temps et de questions pour que le visage se ferme, les mots restent bloqués et doucement les larmes envahissent le regard. « Marre, marre, j'en ai marre. J'étais toute seule, trop seule ce matin. J'ai regretté toute la matinée de ne pas être partie avec vous. Je viens vous rejoindre cet après-midi ». Pleurs abondants, visage crispé, déformé par la peine, la lassitude et l'ennui, par cette longueur désespérante de la maladie. Ces deux mois de traitements, violents et sans pitié pour l'âme et le corps. Ces deux mois où tous les quinze jours, la totalité ou presque des cellules sanguines, celles de la vitalité et des défenses immunitaires, sont détruites, laminées, éliminées par l'impitoyable effet des drogues. Lucie pleure, pleure épuisée, pleure effondrée par ces huit semaines de tension, d'émotions et de sentiments bafoués. On réalise à ce moment-là avec Isabelle, à quel point elle doit nous cacher ses peines, ses tourments, sa peur de la mort ou d'un avenir modifié, amoindri, gêné par les stigmates et les suites de cette maladie.

« Comme elle doit prendre sur elle », dit Isabelle. Et je lui confirme que parfois, au décours d'une conversation avec elle, elle évoque des épisodes de douleur abdominale aiguë qu'elle ne nous a pas signalés, qu'elle nous a épargnés. Car l'amour filial est ainsi fait. Ne pas tout dire pour ne pas inquiéter, pour ne pas meurtrir. Comme elle le dit elle-même à propos de Paul, ne pas lui imposer les affres de la vie lassante d'une jeune femme cancéreuse, faire bonne figure. Nous avons de la peine, une tristesse essentielle de la voir souffrante, de la sentir malheureuse et mal dans ce corps malmené tantôt par la maladie, tantôt par la violence des traitements. A-t-on suffisamment de force pour résister à tout cela et lui apporter l'amour et le soutien nécessaires à sa guérison, à cette autre vie qui l'attend et nous inquiète encore beaucoup ? Sans nous laisser le choix, la vie nous dit que notre devoir est là, dans la présence affectueuse et aimante de notre fille adorée. Non Lucie, on ne te laissera pas seule, on t'accompagnera où que tu sois tant que l'on pourra t'être utile et t'apporter du réconfort.

Mardi 5 avril 2022

COVID +. J'ai les symptômes, la fièvre, la toux, les frissons, les myalgies et l'asthénie. Je les ressens dès le dimanche soir au retour des Collerettes. La nuit est correcte, mais dès le lendemain, les symptômes s'aggravent. Je ne pars pas au travail. Je suis de fait en télétravail. Je fais tous mes rendez-vous en visio. Paradoxe des paradoxes, c'est Lucie qui me demande des nouvelles. Elle sort de l'aplasie, elle a enduré des infections de toutes sortes et elle se fait du souci pour moi. Elle me conseille de me tester, de me reposer, de me mettre hors des obligations professionnelles. Elle prend soin de moi en quelque sorte. Moi le grand inquiet des conditions terribles de sa prise en charge. Quelle est la part résiduelle et infime de cette maladie COVID par rapport à l'inquiétude que j'ai pour Lucie ? Il n'y a pas de comparaison possible entre cette petite maladie hivernale et l'incroyable choc d'une maladie qui nécessite six mois de traitement à temps plein.

Tousser, moucher, trembloter. Rien de bien marquant finalement. Isabelle, elle aussi, est COVID + un jour plus tard et la mère de Paul aussi. Les soutiens familiaux proches de Lucie semblent tous s'effondrer en même temps… Trop de pression peut-être, décompression après le rush. Elle nous appelle, nous plaint, nous prodigue des conseils médicaux de prudence : « Attention les gars, pas d'Ibuprofène, interdit ! Seulement du paracétamol ! Et du repos, de l'hydratation en cas de fièvre ! ». On se laisse faire, on est trop contents qu'elle reprenne un rôle de femme médecin qui n'est plus à plaindre. Un rôle de fille mature qui prend soin de ses vieux parents. Au passage, elle relance l'idée du livre écrit en commun en ajoutant de nouvelles idées destinées à améliorer encore le projet. De l'élan vital et de l'enthousiasme, tout ce que l'on aime pour accomplir un destin.

Samedi 9 avril 2022

Aujourd'hui, on part en vacances. Ma 4e cure, a priori la dernière cure agressive, est terminée. Le Pr G. a décrété qu'une semaine supplémentaire de répit me ferait le plus grand bien avant d'enchaîner avec le reste du traitement. Je ne peux qu'aller dans son sens. Alors même si on devait partir au Maroc pour les vacances d'avril, même si on a dû annuler un énième voyage, c'est le cœur léger qu'on prépare nos valises. On s'est concocté un petit périple dans le sud de la France : Uzès, Nîmes, Saint Rémy de Provence chez Armelle, la cousine de Maman, Cavaillon chez Sophie, ma marraine puis Avignon. Pour une fois, la chance est de notre côté, le soleil est au beau fixe pour un début de mois d'avril et nous réchauffe de ses doux rayons. À maintenant plus de 15 jours de la cure, mes principaux effets indésirables commencent à s'amender, je n'ai plus de nausées, moins de mucite, je retrouve un peu d'énergie, pas de menace d'aplasie. Je retrouve un certain sentiment de normalité, je me surprends à ne pas penser à la maladie pendant plusieurs heures consécutives.

Nous sommes un couple d'amoureux qui baguenaude dans les ruelles d'Uzès un jour de marché, quoi de plus banal ? Évidemment que dès que je croise un miroir, je retrouve ma pâleur spectrale, ma tête tantôt recouverte de ma perruque, d'un foulard, d'un chapeau, me rappelant que la maladie est toujours bel et bien là. Et puis on a décidé de ne pas faire les choses à moitié. On a peu de moment de répit donc autant en profiter à fond ! Alors on a réservé, à bon prix évidemment, des hôtels de luxe en last minute ! Le château d'Arpaillargues à Uzès, l'Hôtel Imperator à Nîmes, et un dernier hôtel à Avignon… Tous 4 ou

5 étoiles, équipés d'un spa évidemment, d'une salle de sport bien sûr et d'un restaurant de qualité ! Alors on kiffe, on en profite, on passe des heures dans le jacuzzi (bien que je doive rester prudente et ne pas mouiller mon Picc line…). On se fait offrir une coupe de champagne au bar de l'hôtel, on dîne au resto de l'hôtel qui n'est autre qu'une brasserie du célèbre Pierre Gagnaire. Bref, on profite de la vie, on la croque à pleines dents. Et qu'est-ce que c'est bon !

Mardi 12 avril 2022

Lucie est en vacances. Vacances de traitement. Vacances d'effets secondaires et de journées d'hospitalisation. Vacances de nugget-épinards, de poisson sauce bordelaise en baquet de plastique blanc. Vacances de prises de sang itératives et de perfusion d'antibiotiques pour aplasie fébrile. En lieu et place de tout cela, le soleil de la Drôme Provençale, les oliviers, le vert clair du printemps et le confort d'hôtels spacieux. Paul est là, il croit en la vie, Lucie aussi. Elle avale ces instants avec gourmandise et sourit. Elle goûte le spa et nous envoie les images de ce bonheur retrouvé. On partage les images du plaisir, on aime la voir rire.

Lucie nous appelle de son lieu de vacances. Elle est dans la maison splendide de Yves et Armelle, la cousine d'Isabelle, à Saint Rémy de Provence. Elle est sereine, rayonnante même. Heureuse d'être dans un lieu paisible, protégé, familial. C'est un cocon d'affection et de bonnes émotions pour elle. Les jours de repos sont des cuillères de miel s'écoulant au fond de la gorge. Heureux pour elle.

Voir ce visage

Un amour de visage, un présage
Une présence lumineuse et sage
Un éclair du regard, une fossette
Une beauté simple, ma fillette

Comme elle, je sais l'injustice
Comme moi, elle sait l'interstice
Cette ultime folie, cette histoire indécise
Cette envie de sourire, une belle incise

Je ne vois que la vie, celle qui vient
Je ne sens que l'envie, celle qui retient
On va trouver l'eau, celle qui rince
Retrouver le goût, le sel qui pince

Une crème de lait, un carré de chocolat
Le retour de mai, un virtuel en-cas
Une princesse libérée, délivrée, étourdie
Qui retourne dans l'éblouissement de la vie

Le retour à la maladie est daté : 19 avril 2022, date du PET scan, c'est dans 8 jours.

Week-end de Pâques aux Collerettes. On va à la messe dans le village à côté, dans cette splendeur d'église romane aux petits bancs de bois chauffés par dessous. Les deux baptêmes de Victor et Victoire, parfaits inconnus pour nous, le soleil resplendissant sur l'esplanade, la vallée de la Loire qui rutile, c'est de l'énergie pour chacun.

Rien ne gâche les trois jours avec repas mitonnés et siestes réparatrices. Dès demain, la chimio reprend après le PET scan de contrôle. On en parle peu pendant le week-end, mais j'appréhende les nouveaux épisodes hospitaliers avec leur lot de désagréments et de mauvaises surprises. On se demande ce soir si demain sera un jour gris ou bleu, comme la météo de la maladie que l'on voudrait consulter fébrilement.

Mardi 19 avril 2022 – cinquième cure

*Un pied à perfusion qui roule ! Incroyable, il m'aura fallu attendre la cinquième cure et ma septième hospitalisation pour tomber sur le Graal, l'impensable, le luxe, le pied à perfusion qui roule ! Pour les non-médecins et non malades, le pied à perfusion est l'espèce de grande barre en métal à laquelle sont attachées les poches de perfusion et avec laquelle on doit se balader partout puisqu'on est reliés aux poches 24 h/24… Ces pieds deviennent donc comme un prolongement de nous-mêmes, un truc qui nous suit partout même dans la douche et aux toilettes… On attendrait donc que ces pieds soient un minimum maniables pour pouvoir nous suivre dans nos aventures (bon même si mes aventures se résument souvent à passer d'un côté à l'autre de mon lit ou aller à la salle de bain #viedecancéreuse). Mais que nenni ! Ces p***** de pieds à perf, qui sont pourtant montés sur roulette, ne roulent JAMAIS ! Ça couine, ça coince, ça bloque, mais alors jamais ça ne roule correctement ! Donc je vous laisse imaginer à 4 h du mat' quand, encore à moitié endormie, on a envie d'aller pisser et qu'on doit se trimballer ce truc qu'on n'arrive pas à faire rouler… Extrêmement pratique. Bref, si des ingénieurs me lisent, si vous pouviez vous pencher sur la question de la roulabilité des pieds à perf' ce serait chouette ! Mais donc, miracle aujourd'hui, il roule ! C'était Pâques hier, ça doit être une sorte de miracle de la résurrection ou un truc du genre !*

Mais attention, ce n'est pas la seule bonne nouvelle du jour. Et celle-ci est drôlement plus palpitante que cette histoire de pied à perf… puisqu'il s'agit de ma rémission complète ! Ça y est, j'ai eu mon deuxième PET scan ce matin et il n'y a plus une seule cellule cancéreuse dans mon corps ! On les a toutes eues ces sales bêtes ! Merci à mes médecins, merci à la chimio, merci à la science... et puis merci à moi aussi quand même, je me suis bien défendue ! Alors quand j'ai dit ça aux gens, tout le monde était ravi, me demandait quand est-ce que je reprendrais le travail, une vie normale, etc. Bon ne vous emballez pas quand même, parce que j'ai beau être en rémission complète, le chemin n'est pas tout à fait fini. Il me reste encore 8 cures donc 4 mois de chimiothérapie, dont l'objectif maintenant est de prévenir la récidive, pour que tout ça ne soit définitivement plus qu'un lointain souvenir. Donc je ne suis quand même pas tout à fait au bout de mes peines... Mais bon le plus dur est fait, paraît-il !

On part donc aujourd'hui sur un nouveau type de chimio ! Du changement, de la nouveauté, admirez à quel point ma vie est palpitante (LOL) ! Je débute donc deux cures de Méthotrexate, dont l'objectif est principalement de prévenir les atteintes cérébrales du lymphome. Claire mon interne m'explique le principe : on m'injecte à J2 de mon hospitalisation du Méthotrexate à une dose très élevée quasiment létale, on me laisse 24 h mariner là-dedans, et au bout de 24 h on me donne l'antidote de cette chimiothérapie, le Folinate, pour me sauver des effets létaux de la molécule. À peine flippant le truc... Mais bon, bonne nouvelle, malgré ce principe assez effrayant, il y a a priori très peu d'effets indésirables. Donc pas de nausées, pas d'aplasie (Alléluia !). Seule ombre au tableau, le Méthotrexate (MTX pour les intimes) est toxique pour les reins et cela nécessite d'être hyper hydratée par voie intraveineuse pendant plusieurs jours. Donc 4-5 jours d'hospitalisation avec 4 à 8 litres d'eau par jour... ! Je vais pisser sévère. Et en plus il faut que je garde mon pipi pour qu'ils puissent le quantifier. Heureusement ma fidèle infirmière Nathalie a tout prévu, elle m'apporte une splendide « cantine » à pipi, accompagnée de son accessoire indispensable, que j'ai nommé le bol doseur-verseur. Il s'agit d'un bol d'une quinzaine de centimètres de diamètre, avec de larges rebords, permettant de s'intercaler entre la cuvette et la lunette des toilettes. Il permet donc de tranquillement s'asseoir sur la lunette, faire ce qu'on a à faire, puis de récupérer le bol, qui est équipé d'un petit bec verseur pour le vider ensuite dans la cantine. Simple comme bonjour, on adore. Figurez-vous que le bol est même gradué ! On peut donc quantifier en direct notre miction. Oh je sens que je vais me lancer sur un concours du plus gros pipi possible, ça va être très très fun ! Je suis à 500 ml pour l'instant, je vous tiendrai au courant de mes exploits. En fait, je comprends mieux pourquoi les pieds à perf' sont pourris : tous les ingénieurs du domaine de la santé étaient déjà occupés à concevoir cette merveille ! Il paraît que les plus expérimentés parviennent même à s'en servir sans se mettre une goutte d'urine sur les doigts ! Bon moi je vais m'entraîner encore un peu, je crois. Sur ce, je vous laisse, je m'en vais faire mon douzième pipi de la journée !

Mercredi 20 avril 2022

Le PET scan est fait, il va falloir attendre un peu, se ronger les sangs pour quelques heures encore.

10 h 15 SMS très sobre de Lucie : « Rémission complète ! »

On souffle, on respire, on sent le soulagement, le bonheur presque poindre le bout du nez. On aime ces instants, trop fugaces, où l'information est aussi vite lue, absorbée, qu'intégrée et digérée. La brièveté du plaisir, le caractère soudain du soulagement sont presque troublants. Est-ce que j'y crois vraiment ? Comment éviter le doute, la mauvaise pensée que cela pourrait être une erreur d'interprétation d'une image lue trop vite, un défaut de sensibilité de l'examen, une hypothèse d'enthousiasme d'une équipe clinique trop sûre d'elle… Les pensées négatives doivent être chassées, non verbalisées, éliminées d'un conscient fragilisé par ces longues semaines de lutte.

Les prochaines cures seront moins agressives. Mais il reste encore quatre mois de traitement. Dont des hospitalisations de quatre à cinq jours qui rappellent que le chemin est encore long. Mais qui nous placent dans une spirale positive.

J'appelle Lucie. Elle a petite mine. Elle avoue. Fatiguée. Six litres, sept litres de perfusion à encaisser avec le Méthotrexate. Du Lasilix, un diurétique en plus. Elle va uriner toutes les dix minutes. Elle a déjà rempli deux cantines de trois litres. Il n'est que 15 h 40 cet après-midi. Quelle épreuve ! Supporter cela toute seule dans sa chambre avec juste la potence de chimio comme seule compagnie. Même la bonne nouvelle du PET scan ne suffit pas pour effacer la pénibilité de ces traitements. Et Lucie encaisse, avec courage et ténacité. On parle encore du livre, du projet d'édition, du plaisir que cela pourra nous procurer. Mais c'est encore loin…

8,6 L. C'est ce que je viens de pisser sur les dernières 24 h. Non, mais ils sont complètement tarés dans ce service ! J'ai déjà pris 1 kg de flotte à la pesée de ce matin. Et comme si je ne pissais pas suffisamment ils me rajoutent deux diurétiques pour me faire pisser encore plus. Sacré délire quand même…

Le lendemain, Lucie me dit qu'elle est très impatiente de quitter l'hôpital et elle me parle avec énergie et envie de ces « quatre mois de vacances » qui sont devant elle. Qui comprennent encore 7 cures de chimiothérapie et encore plusieurs dizaines de jours dans ces murs vaguement blancs et ces placards aux rayons jaunis par le temps et les habits des dizaines de patients passés dans la chambre. Chaque détail un peu défraîchi ou franchement sale de la chambre ou de la salle de bain devient un sujet d'irritation, de discussion voire d'indignation. Comment une douche, une chambre, dans un service où l'asepsie devrait être un prérequis, comment donc cela peut être aussi sale ?

Semaine du 24 avril 2022

« Ça repousse ! Je vous jure que ça repousse ! » Je parle évidemment de mes cheveux. Regards sceptiques des parents. Non, mais il faut que je leur rachète des lunettes aux vieux… « Mais enfin là ! Vous ne le voyez pas ce petit cheveu sur le devant de mon crâne ? Je vous juuuuure qu'il fait au moins 1 mm de plus qu'hier ! ». Maman le voit enfin enthousiaste. Papa acquiesce silencieusement, il veut me faire plaisir… Mais moi je vous assure que je vois la différence ! À peine un mois après ma dernière cure alopéciante, ça y est, la vie reprend déjà le dessus et des petits cheveux commencent à réapparaître (et des poils pubiens aussi si vous voulez tout savoir). Bon, ne nous emballons pas quand même, j'ai au maximum un cheveu tout fin par centimètre carré donc je ne suis pas encore près d'avoir une coupe qui ressemble à quelque chose… Mais bon c'est un début !

Lucie et Isabelle passent la semaine ensemble aux Collerettes. Il fait très beau et elles ont chacune des occupations plaisantes. Restauration de meubles, couture et jardinage pour Lucie. Aménagement intérieur, déco et désherbage pour Isabelle. Que de bons moments familiaux qui font oublier la maladie et ses traitements trop lourds. Pour ma part, je dors mieux, les rêves se normalisent et j'ai pu commencer un nouveau roman avec l'esprit un peu plus libre. J'ai encore quelques questions en suspens pour ces trois mois à venir. Quelles vont être les phases les plus pénibles des chimiothérapies à venir ? Peut-on espérer qu'il y aura moins d'effets secondaires des traitements ? Plus aucune erreur de prescription ou de prise en charge dans ces phases de traitement ? Encore de la tension, des raisons d'inquiétude, sans parler de l'interrogation sur la fertilité de Lucie à l'avenir… Quelques cheveux repoussent ! Un vrai plaisir partagé. C'est modeste, mais chaque avancée compte dans le retour à une certaine normalité.

Mardi 3 mai 2022
Sixième cure

Allez, retour à l'hôpital, nouvelle cure de Méthotrexate. Bon vous avez compris le principe, je ne vais pas vous faire l'affront de raconter une ixième fois la même chose, vous risquez de commencer à vous ennuyer.

Donc aujourd'hui, j'ai envie de vous parler un peu de ce que c'est la vie à l'hôpital quand on est patient. Autant du côté soignant, je connaissais déjà et ce n'était déjà pas la folie, mais alors du côté patient ce n'est guère mieux… Monsieur le Directeur des Hospices Civils de Lyon, je vous ferai parvenir un exemplaire de ce livre et j'espère que vous le lirez jusqu'à ce passage qui vous est dédié. Je tiens tout d'abord à vous remercier. Vous remercier de diriger l'établissement qui m'aura sauvé la vie. Tout simplement. Vous remercier d'investir au quotidien dans la recherche et de participer à la mise au point des traitements de pointe qui m'ont guérie de mon cancer. Pour cela, je ne vous remercierai jamais assez. Mais, bien que cette partie médicale soit primordiale, j'aimerais quand même porter à votre connaissance tout ce qui se passe autour, et notamment sur nos conditions de vie à l'hôpital. Alors bien sûr, l'hôpital ce n'est pas l'hôtel, j'ai moi-même répété cette phrase un certain nombre de fois quand j'entendais mes patients râler. Mais quand même. Il y a un minimum, parce que l'hôtel là on en est quand même bien loin…

Bon on va commencer par le sujet classique de chez classique : la nourriture. Vous savez sans doute que les journées à l'hôpital sont assez vides et sans relief, et sont finalement rythmées par les repas que l'on attend avec impatience (enfin ça c'était avant). Est-ce que vous trouvez ça correct de nous faire manger dans des barquettes en plastique tous les jours ? À chaque repas, en ouvrant la barquette, me revient cette espèce d'odeur de plastique chaud qui à elle seule suffit à me filer la nausée. Et, franchement, est-ce que ça vous paraît extrêmement compliqué que le contenu des barquettes soit transféré dans des assiettes avant qu'on nous le serve ? Et encore, si le contenu de la barquette était succulent, on s'y ferait, mais ce n'est évidemment pas le cas. Les plats des HCL, c'est simple : la première fois qu'on en mange, on se dit que ce n'est pas très goûteux. La deuxième fois, on se dit que ça a le même goût que le précédent. Et alors au bout du quatrième ou cinquième, on se rend compte à quel point c'est vraiment dégueulasse. Les textures de poisson toutes filandreuses, les viandes toutes pleines de gras, les légumes cuits à l'eau, les patates vapeur sans goût qu'on nous sert un repas sur deux. Ah oui parce qu'en plus, c'est toujours les mêmes plats qui reviennent : l'omelette aux champignons-riz, le poisson blanc sauce aneth, la cuisse de poulet, purée de courge, le poulet à l'indienne. Les noms ont l'air sympas comme ça, mais ne vous faites pas avoir ! Et alors le meilleur, c'est (censé) être les spaghettis Bolognaise. Vous vous dites que les spaghettis bolognaises, c'est sans risque, on ne peut pas louper un plat de pâtes. Et bien si ! Les HCL le peuvent ! Les pâtes sont trop cuites, pas salées, la sauce est acide, quant à la viande je suis sûre que c'est du cheval vu le goût qu'elle a. Franchement, je ne sais pas qui cuisine ces plats, mais il faudrait les radier de l'Ordre des Cuisiniers.

Alors je vous vois venir d'ici, Mr le Directeur, à me dire que vous avez essayé d'améliorer la cuisine, mais que ça coinçait au niveau budgétaire. Mais je ne vous crois pas, je ne vous crois plus. On a bien l'argent pour se payer des robots chirurgicaux dernier cri à plusieurs millions, n'allez pas me dire que vous ne pouvez pas changer de fournisseur pour avoir de la nourriture comestible. Et puis, il me semble que vous avez fini l'année dernière en faisant du bénéfice, je ne sais pas où a été réinvesti cet argent, mais pas dans la gastronomie, ça c'est sûr ! Sachant que je suis intimement convaincue que l'hôpital ne manque pas d'argent, mais d'une meilleure gestion et organisation pour gérer ces fonds. J'ai également oublié de vous parler des petits déjeuners. L'aide-soignante passe au réveil pour vous demander ce que vous voulez pour le petit-déj', ce à quoi je réponds que j'aimerais des tartines de pain avec du beurre et de la confiture. Et alors un jour sur deux, c'est le même cirque. « Ah, mais on n'a pas de pain aujourd'hui Madame Colin, celui d'hier il est trop dur ». Oui parce qu'à l'hôpital, ils ne livrent pas de pain pour le petit déjeuner. En gros, ils livrent du pain le soir pour le dîner, s'il en reste le lendemain matin et qu'il n'est pas trop dur, ils le servent, et s'il n'en reste plus et bien tant pis. « Vous avez du pain de mie alors ? » je tente. « Ah non aujourd'hui on n'a pas de pain de mie non plus ». Super. « Qu'est-ce que vous avez alors aujourd'hui ? ». « Aujourd'hui on n'a que des biscottes ». Bon alors pourquoi tu me demandes ce que je veux si tu sais pertinemment que tu n'as que des biscottes ? Connasse. Bon je n'ai évidemment pas dit ça à cette charmante aide-soignante, je me suis armée de mon plus beau sourire pour lui dire que j'adorais les biscottes et que ce serait parfait avec leur thé dégueulasse et la confiture en plastique. Non, mais à nouveau, je sais que l'hôpital ce n'est pas l'hôtel, mais ce n'est quand même pas beaucoup demander un petit bout de pain au petit-déj' non ?

Bon allez, assez parlé de bouffe, sujet suivant. La propreté. J'ai la chance d'être hospitalisée dans un service refait relativement récemment. Ça ne se voit pas forcément, mais ce service a moins de 10 ans. Bon, en 10 ans, je conçois que les murs blancs aient déjà eu un peu le temps de se ternir et que le sol de la salle de bain ait déjà eu le temps de se jaunir. Bon ça, passe encore. Mais alors en parlant de salle de bain, j'avoue avoir été assez outrée par son état de propreté sur cette hospitalisation. En arrivant pour prendre ma première douche, je découvre avec effroi un beau bourron de cheveux au niveau de l'évacuation. Super, je vois que le ménage est vraiment bien fait entre deux patients. Et là, ne venez pas m'accuser, vu l'état de mon crâne, je peux vous assurer que ce ne sont pas les miens ! Je passe outre sans me plaindre, je ramasse les cheveux et les mets à la poubelle... Et puis je commence à faire couler l'eau, qui ne s'écoule pas par l'évacuation et commence à s'accumuler. Ah oui parce qu'il faut aussi que je vous précise, pour ceux qui ne connaissent pas les salles de bain des HCL, qu'ils ont un concept assez sympa : celui de l'open douche. Après les open space, les open douche. Une douche 100 % ouverte, sans bac de douche ni porte/rideau de douche, faite pour faciliter la douche des personnes à mobilité réduite. Donc vous imaginez bien que quand la bonde est bouchée, l'eau peut aisément se répandre dans toute la salle de bain jusqu'à l'inondation. On adore. En même temps, c'est sûr qu'il n'y a que des patients qui perdent leurs cheveux ici donc je n'imagine pas l'état des canalisations. J'abrège donc ma douche avant d'inonder toute la pièce et je signale ce problème à l'équipe. « Ah oui ça c'est normal, la salle de bain a été mal conçue donc ça s'écoule mal, on le sait déjà, mais il n'y a rien à faire, désolée Mme Colin. » Non, mais un bon coup de Destop ma cocotte, voilà ce qu'il y a à faire ! Donc voilà, on ne peut pas se doucher sans inonder la salle de bain, mais c'est normal. Et ils n'y feront rien. C'est génial.

Ensuite, parlons propreté du linge. Il y a quasi toujours des petites tâches sur les draps, des trous dans la couverture. Mais alors attention, nouveau concept innovant des HCL, que je connaissais déjà sur nos blouses de médecin : le concept de la tâche propre. Oui il y a une tâche, mais c'est une tâche qui a persisté au lavage donc c'est une tâche propre donc c'est OK. Parfait.

Dernière chose qui m'agace, la rigidité du rythme de l'hôpital. Les journées se suivent et se ressemblent, rythmées par le passage des différents intervenants. On commence le matin par l'aide-soignante qui vous réveille en vous demandant ce que vous voulez au petit-déj (il est 7 h 30 putain, je veux dormir, pas bouffer tes biscottes). Vient ensuite l'infirmière qui prend les constantes et donne les médicaments, vient plus tard le médecin (enfin l'interne, depuis quand les séniors viennent voir les patients ?). On passe ensuite au repas, puis c'est l'heure de la sieste, peut-être le seul créneau de 2 h d'affilée où on peut être tranquille. Vers 15-16h, nouveau tour infirmier, constantes médicaments blablabla. Puis dîner à 19 h pétantes, pas une minute de plus ! Puis vient la nuit avec le premier tour infirmier vers 22-23h et le second à 4 h du matin. Voilà la journée classique avec, je dirais, les obligations minimales. Car évidemment, en pleine perfusion de chimio, l'infirmière passe parfois toutes les 10 min pour changer le débit, mettre une nouvelle poche. De même la nuit, il arrive parfois qu'elle vienne toutes les heures pour des prises de sang ou changer certains médicaments. Alors bien sûr, la majorité de ces interventions sont indispensables à nos soins. Mais franchement, je n'ai jamais passé une nuit à peu près correcte à l'hôpital. Réveillée sans arrêt, il y a du bruit et de la lumière dans les couloirs, impossible de dormir. Donc honnêtement, quand l'aide-soignante se pointe à 7 h 30 le matin, j'avoue que j'ai un peu envie de l'insulter, aussi charmante soit-elle.

Autre chose qui m'insupporte : il n'est pas rare que les femmes de ménage passent l'aspirateur dans les couloirs entre 7 h et 7 h 30. Alors pour elles, j'imagine que c'est plus pratique, c'est l'heure où les couloirs ne sont pas encore trop bondés. Mais nous, on y pense un peu ? On est cancéreux sous chimio au bout de nos vies et ça ne gêne personne qu'on soit réveillés par l'aspiro à 7 h du mat' alors qu'on n'a pas fermé l'œil de la nuit ? Et summum de l'insupportable, ce que j'ai nommé le tour de la carafe. Comme je vous le disais, l'aide-soignante vient en général entre 7 h 30 et 8 h nous servir le petit-déj. Et bien il n'est pas rare qu'une autre aide-soignante se pointe avant, entre 7 h et 7 h 30 donc, pour changer la carafe d'eau, y mettre de l'eau fraîche. Et elle pourrait entrer discrétos, prendre la carafe, poser la nouvelle et se barrer discrètement. Mais non, en général c'est plutôt du « Bonjour Mlle Colin », lancé haut et fort. Non, mais meuf, je dors là ! Tu crois vraiment que j'ai besoin d'eau fraîche là, maintenant, tout de suite ? Elle, j'imagine que ça doit lui faire gagner du temps de faire ça avant le petit-déj, mais une fois de plus, ça arrange le personnel soignant, mais pas franchement les patients.

Bref, je conçois bien qu'il est difficile pour une équipe soignante, le plus souvent en sous-effectif, de faire son travail dans le temps imparti et en essayant de s'adapter à chacun. Mais quand même, je pense qu'il y a du progrès à faire !

Ah, mais qu'est-ce que ça fait du bien de râler un bon coup ! Ça y est, je suis en train de reprendre du poil de la bête ! Je suis en train de renouer avec ma vraie nature, ma nature de râleuse professionnelle ! C'est un signe de bonne santé c'est sûr !

Mardi 10 mai 2022

Vingt-cinq ans. Aujourd'hui j'ai 25 ans. Je ne sais pas vous, mais je me suis souvent imaginée ce que seraient mes 25 ans : la fleur de l'âge, plus aussi légère qu'une étudiante, mais plutôt épanouie comme une jeune pro dont les grands concours sont derrière elle, la méga teuf avec les potes, etc. Évidemment rien n'est comme je l'avais prévu. Cancéreuse à 25 ans… c'est quand même moins vendeur. Alors cette journée que tout le monde doit attendre avec impatience, moi je la redoute. C'est une journée dont je dois me souvenir toute ma vie, je ne veux pas qu'elle soit entachée par la maladie. J'ai déjà la chance d'être dans une semaine de pause de chimio, pas de rendez-vous prévu à l'hôpital cette semaine. Pas d'aplasie en prévision avec le Méthotrexate. Et pourtant j'angoisse. J'angoisse qu'il se passe quelque chose, que je doive aller à l'hôpital en urgence. À 25 ans, on se sent normalement invincible, pas encore sujet aux aléas de la vie. Eh bien moi, dorénavant, j'ai l'impression que tout peut me tomber dessus à tout moment. Comme si j'avais perdu cette insouciance et cette naïve confiance en la vie. Alors j'angoisse que la vie ne me joue encore un mauvais tour le jour de mes 25 ans. Et je redoute la solitude. Moi qui suis maintenant si habituée à passer mes journées en solo avec mon canapé. Ce n'est pas comme ça que doit se passer une journée de 25 ans. J'ai bien essayé de prévoir des choses pendant cette journée, mais ma famille et mes amis travaillent, même mon Papy qui voulait m'inviter au restaurant n'est pas disponible le jour J. Alors je me retrouve la veille au soir, à dire à Paul que je n'ai rien de prévu la journée, on se retrouvera tous les deux en fin de journée puis on ira chez mes parents et ça sera parfait. « Si, si, ne t'inquiète pas, ça sera bien comme ça. » Je n'en pense évidemment pas un mot, j'ai du mal à retenir quelques larmes. Alors Paul décide de se libérer demain ! Il ira travailler quelques heures le matin puis on se rejoindra le midi, on ira au resto et après il me réserve une surprise... Heureusement qu'il est là !

Je me réveille donc en ce 10 mai, jour de mes 25 ans. Je n'ai pas l'impression d'avoir beaucoup vieilli. L'avantage c'est que sans cheveux, je ne peux pas remarquer l'apparition de cheveux blancs ! J'emploie ma matinée à me faire belle avant le retour de Paul, je me maquille, j'essaie de bien dessiner mes sourcils de plus en plus épars, fond de teint, blush, bonne mine garantie ! Je mets une jolie robe, je chausse ma chevelure de stars, petites sandales à talons dorées, c'est pas mal ! Paul revient donc vers midi et on va déjeuner en amoureux chez Arsenic, petit resto d'élèves du grand chef Têtedoie tout près de chez nous. On se régale. Paul a mentionné en réservant que c'était mon anniversaire, la serveuse ajoute donc une petite bougie à mon dessert, que je souffle avec vigueur ! Nous passons un bon moment. Il m'offre mon cadeau : bon pour un repas au restaurant triplement étoilé Troisgros ! Waouh, là on va vraiment se régaler !

Petite sieste, le temps de digérer, et nous voilà repartis pour la surprise que Paul me réserve... Il m'emmène dans le deuxième arrondissement, tout près de chez mes parents, et nous arrivons dans un super salon de massage où nous allons nous faire masser tous les deux pendant une heure ! Le top ! Après ce moment de détente partagé, on se dirige chez les parents pour notre traditionnel repas d'anniversaire avec les parents et Paul-Rémi, Eugénie étant à Paris. On commence donc l'apéro, on débouche le champagne évidemment, on n'a pas tous les jours 25 ans ! Et puis Maman fait durer l'apéro, je sens une certaine fébrilité de sa part, comme si elle attendait quelque chose...

Et puis j'entends des clés s'introduire dans la porte d'entrée et là... Eugénie qui apparaît ! Elle m'a fait la surprise de descendre de Paris pour fêter mon anniversaire ! Ça me fait tellement plaisir qu'elle soit là. Son arrivée met toute la famille en joie ! Nous nous mettons enfin à table et tout le monde est hilare... Ils crient, ils chantent, rigolent à gorge déployée, entonnent les chansons/répliques du film « Les Visiteurs » en riant. Je ne les ai jamais vus comme ça ! Tant d'excitation, de joie, inhabituelles par rapport à nos fêtes d'anniversaire précédentes. Probablement parce que cet anniversaire n'est pas comme les autres. Peut-être qu'ils donnent tout en ce jour d'anniversaire qu'ils pensaient peut-être ne jamais fêter ? Ou pensent-ils que ce sera le dernier ? En tout cas, se dégage de cette ambiance une espèce d'urgence à faire la fête, à profiter là maintenant de l'instant présent et de ces moments de joie. Je ris à leurs blagues successives, je ris tellement que j'en pleure. De joie ou d'émotion, je ne sais plus, sûrement un peu des deux.

Les zouaves finissent par se concentrer, il est temps de prendre la traditionnelle photo familiale avec le gâteau. C'est le défi tous les ans, laisser une belle image sur cette photo qui traversera les années. J'ai mes faux cheveux, mon maquillage a un peu coulé, mais ça passe, merde j'ai oublié de remettre mon brassard pour cacher mon Picc Line ! Tout le monde me dit que ce n'est pas grave, on s'en fiche, ça ne se voit pas. Je le cache tant bien que mal avec ma main, c'est encore pire, ça attire le regard dessus... Bon j'ai fait au mieux. Puis arrivent les cadeaux. Petite astuce les gars : avoir un cancer pour ses 25 ans, meilleur moyen d'avoir pleins pleins de cadeaux ! Je suis pourrie gâtée... Du matériel de couture par mon frère, un foulard Hermès par ma sœur, des escarpins Bobbies de princesse et un robot Monsieur Cuisine par mes parents, beaucoup (beaucoup) d'argent par mon Papy... Je n'aurais sûrement pas été aussi gâtée dans d'autres circonstances, ça vaut le coup finalement héhé !

Jeudi 19 mai 2022

Lucie a repris les traitements en hôpital de jour. Toujours désagréable la journée à l'hôpital, la perfusion, les nausées, la fatigue, l'ennui. Elle affronte cela avec la volonté d'un candidat à Koh Lanta, les plages exotiques en moins, qui fait à chaque fois l'épreuve de manger des vers de cocotier et des yeux de barracuda. Je la croise le soir de son immunothérapie, elle me confesse la nausée, l'inappétence et la sensation persistante de malaise. Je ne trouve plus les mots, un peu usés nous aussi par ce marathon thérapeutique, cette course de fond pharmacologique. On a envie que cela s'arrête, que l'on parvienne à cette guérison complète, cette restitution ad integrum qui nous tend les bras, mais qui paraît encore si loin. Encore deux mois et demi de traitements, d'intercures, d'anxiété et d'impatience.

Aujourd'hui Lucie aide Paul Rémi à entrer ses données pour une demande de logement chez Habitat et Humanisme, une association qui peut trouver des logements adaptés aux personnes porteuses d'un handicap. Lucie est dans un rôle qu'elle aime, servir autrui, se rendre utile, gérer une tâche de bout en bout. Elle a complètement géré le cadeau d'anniversaire de mes 64 ans, une double place au festival « Jazz à Vienne » en juillet, un moment qui sera mémorable avec Georges Benson improvisant sur « On Broadway », cette chanson magnifique du film « All that Jazz » de Bob Fosse. Elle m'a aussi encouragé à partir en vacances en Écosse avec Isabelle et Paul Rémi pendant ses dernières cures. Je prends l'organisation du voyage à bras le corps. Les billets sont pris dès le lendemain, ainsi que la location de la voiture. Comme si la vie normale reprenait, avec une légère appréhension tout de même. Et si un événement grave survenait juste durant cette dernière semaine de juillet en Écosse. La culpabilité teintée d'angoisse nous ronge en même temps que l'envie impérieuse de reprendre la vie d'avant, celle qui n'est pas tétanisée par l'attente des événements de chaque jour, de chaque semaine.

À ma question à Lucie sur ce qui lui pèse le plus en ce moment, la réponse fuse, directe et franche :

— La solitude.

— Mais viens nous voir plus souvent !

— Vous travaillez toute la journée, tout le monde travaille toute la journée, moi je ne vois pas grand monde, voire personne dans une journée, c'est long… Le soir et le week-end, ça va, j'ai un programme de visites, mais la semaine c'est l'ennui mortel.

— Tu as raison ma belle, nous sommes évidemment peu présents pour toi la semaine, pardonne ma naïveté

En la ramenant chez elle ce soir-là, je lui dis à nouveau à quel point nous aurions aimé l'emmener avec nous en Écosse. Mais elle me rassure, elle prend soin de moi, me dit que ce n'était pas possible d'accorder les dates de disponibilité de Paul Rémi avec les siennes et celles d'Eugénie. Sa dernière cure tombe juste pendant cette semaine qu'on avait eu tant de mal à caler avec les vacances de Paul Rémi que visiblement il n'a pas pu choisir.

Je mange avec Antoine, mon jeune collègue professeur. Il me parle de Lucie, me demande des nouvelles. Je lui évoque la rémission complète, mais aussi l'incroyable impact que cette maladie a eu sur le premier cercle, le deuxième, le troisième cercle autour de Lucie. Probablement plus de 150 personnes autour d'elle qui sont touchées, émues, affectées ou en pleurs, pleins d'empathie pour une seule histoire de vie heurtée par la maladie.

Dimanche 22 mai 2022

Grand jour aujourd'hui, jour de mon premier exploit sportif : la course « Courir pour elles » ! Honnêtement, le cancer ça change les gens ! Non, mais moi, Lucie Colin, la nana qui ne tolère le sport que si on ne transpire pas trop et que si ça s'appelle de la Zumba, moi, je viens de m'inscrire à un événement sportif ! On aura tout vu ! Mais mes cures sont plus légères, tout le monde me recommande une activité sportive régulière pour dompter les effets indésirables, je vois cette course comme l'occasion de montrer que je suis toujours là. Montrer que j'en suis capable. Que la maladie m'a affaiblie, mais pas détruite. Alors oui, moi, Lucie Colin, pas sportive pour un sou, cancéreuse sous chimio, moi je vais aller faire cette course et prouver au reste du monde (et surtout à moi-même) que j'en suis capable ! Bon après ne nous emballons pas, c'est une course de 5 km, allure libre, on peut donc s'arrêter et marcher à tout moment. On n'est pas non plus sur de l'Ultratrail… mais c'est un début ! En plus, les bénéfices de la course étant reversés aux associations pour les femmes atteintes de cancer, cette course a tout son sens ! J'ai donc motivé une petite team de copines et ma sœur Eugénie à venir avec moi, ça va être sympa ! N'empêche que la veille au soir, je stresse. Est-ce que j'en serai capable ? Comment je vais m'en sortir ? Et si je me sens mal ? Si je fais un malaise ? Je dors donc d'un sommeil agité.

Arrivée le jour J, tout est prêt, ma tenue, mon dossard, la bouteille d'eau, un petit en-cas. Le stress laisse vite la place à de l'excitation en arrivant sur place. L'ambiance est incroyablement festive, on distingue cette nuée de t-shirts roses en arrivant. Un petit échauffement est organisé, nous sommes toutes face à une grande scène où une prof de sport nous fait faire une petite chorée de Zumba, ça commence bien, là je suis dans mon élément ! Mes copines sont en pleine forme : Morgane, Chloé, Camille, Nadia, Eugénie arborent avec fierté leur t-shirt rose ! Je regarde un peu les femmes autour de nous, il n'y a pas beaucoup de chauves quand même... Je n'ai pas pu mettre ma perruque, pas pratique pour courir. J'ai juste une casquette, sous laquelle on voit bien mon crâne qui commence tout juste à se recouvrir d'un petit duvet. Et je me sens un peu seule dans cette situation, moi qui pensais que c'est justement dans ce genre d'événement que je pourrais croiser des gens dans ma situation.

Je ne me démonte pas pour autant et on se dirige avec les filles vers la ligne de départ. L'ambiance est au rendez-vous, tout le monde chante, s'encourage ! On commence donc la course, à notre rythme. Cette ambiance est assez galvanisante, j'avance sans trop de difficulté. Paul et Corentin, le copain de Morgane, n'ayant pas eu le droit de participer à la course, nous suivent sur le côté avec un immense panneau « Allez Lulu » fait par Camille. Ils sont trop marrants... ! On continue donc la course, sans grande difficulté, je suis encouragée par mes copines, on chante des chansons en mode « Girl power » pour nous donner de la force ! Je suis trop contente de partager ça avec elles. Et puis les mètres passent, les repères montrant les kilomètres parcourus défilent, si bien que la ligne d'arrivée est à notre vue. On tient bon, jusqu'au bout. Et dans les derniers mètres, Paul est évidemment là et me hurle son soutien, et mes copines commencent à entonner « Et pour Lulu, allez, allez. Et pour Lulu, allez, allez », toutes en chœur. Je crois même que les autres coureuses autour de nous, qui ont dû repérer mon crâne trop lisse, se mettent à chanter avec elles ! Sensation incroyable, je m'élance avec fougue vers la ligne d'arrivée ! À la fois si fière de moi et de mon exploit et si heureuse d'être aussi bien entourée. Ça fait tellement plaisir d'avoir de véritables amis ! C'est donc avec les jambes un peu lourdes, mais le cœur léger que je finis cette course, pleine de gratitude pour la vie, qui ne réserve quand même pas que de mauvaises surprises !

Lucie a passé un week-end festif. Les vingt ans du restaurant Thomas qui est dans notre quartier. C'est un apéritif dînatoire gracieusement offert par le chef. Les cocktails, les tapas, les vins, les huîtres, le jambon Pata negra et tout cela à volonté. Un petit orchestre de jazz pour animer l'ensemble du repas et une ambiance « Fête des voisins » qui fait du bien. Après l'apéritif, il y a la paëlla, les viandes, les pommes de terre grenaille et le pain perdu, la spécialité, le dessert signature de Thomas restaurant. Lucie profite de tout avec appétit et joie de vivre. Elle monte faire une sieste à l'appartement puis redescend à la fête avec le même appétit de vivre.

Le lendemain, Eugénie l'accompagne à la grande course humanitaire courir pour Elles, organisée au bénéfice des femmes atteintes de toute forme de cancer. Dix-neuf mille femmes en t-shirt rose courent ou marchent sur la grande plaine du parc de Parilly, en périphérie Est de Lyon. Une ambiance chaleureuse, solidaire et un bon groupe d'amies autour de Lucie avec Paul pour l'encourager sur les cinq kilomètres du parcours. Un très bon moment pour elle, un grand moment pour toutes les femmes atteintes de cette maudite maladie.

Lundi 30 mai 2022
Huitième cure

Les cures se suivent et se ressemblent. J'ai l'habitude maintenant, le taxi qui me dépose, l'arrivée chez les aides-soignantes, l'installation dans ma chambre, l'attente, la prémédication, l'attente, cette torpeur dans laquelle les médicaments m'enfoncent, l'attente, la perfusion, l'attente, les nausées puis enfin le taxi pour me ramener à la maison. Tout cela est maintenant ancré dans une sorte de routine. Les jours qui suivent sont marqués par de la fatigue, des nausées, mais globalement un état général bien meilleur que ce que j'ai pu connaître, et qui me permet de mener une vie qui commence à se rapprocher de la normalité. Alors j'essaie d'organiser mon emploi du temps, je fais des courses, de la couture, je sors avec des amis.

Mes cheveux poursuivent leur repousse... Je ne supporte plus la perruque, surtout vu les températures qui commencent à grimper. Je sue sous cet amas de plastique. Alors je décide assez rapidement de m'en passer. Je passe donc au chapeau d'abord ! J'ai acheté un joli petit chapeau chez Monoprix, avec ma copine Romane, très enthousiaste ! Je m'habitue donc à ce chapeau, mon Papy nous a toujours dit à Eugénie et moi que nous avions des têtes à chapeau ! Je dois avouer que ça ne me va pas si mal.

Et puis assez rapidement, mes cheveux continuant leur lente progression, j'ai envie de ne plus rien mettre. Natalie Portman a bien les cheveux courts, elle, pourquoi pas moi ? Je me considère déjà comme une femme fatale, ce genre de femme forte prête à tout assumer, même une coupe aussi androgyne ! Attention, Emma

Watson, Audrey Tautou, Rihanna et autres stars aux cheveux courts n'ont qu'à bien se tenir ! J'arrive les girls ! Alors je me lance, je pars acheter mon pain la tête nue. Je me suis surlookée pour compenser le côté masculin de ma coupe, j'ai l'impression de partir à un défilé de mode. Je commande ma baguette avec le flegme d'une rockstar, je reviens ravie et persuadée que tous les gens sur mon passage se sont extasiés sur ma personne. Bon ok j'exagère un peu, mais je juge l'expérience comme réussie. Donc j'enchaîne le lendemain, je vais faire des courses à la Part Dieu, tout se passe bien. Et le lendemain encore, je dois aller voir une pièce de théâtre jouée par le club théâtre de mon ancien lycée. J'y vais avec Camille et Manon, qui toutes les deux faisaient également du théâtre à notre époque. Forte de mes expériences des derniers jours, je pars donc sans perruque ni chapeau. Mais cette fois, je ne le sens pas. Je suis un peu en retard, je n'ai pas le temps de faire demi-tour pour aller chercher mon chapeau, mais je ne le sens pas. Cette fois-ci j'ai l'impression que tout le monde me regarde. Je sais que je vais croiser des gens qui m'ont connue avant. Qu'est-ce qu'ils vont dire ? Comment vont-ils réagir ? J'envoie un SMS à mes copines les avertissant de mon audace et les prévenant qu'elles ne soient pas trop choquées. Et je finis par arriver sur place. Je suis si mal à l'aise, j'ai envie de me cacher. Vite, je vous en supplie, éteignez les lumières et faites commencer la pièce ! Notre ancienne prof de français se dirige vers nous. Elle parle alternativement à Camille puis à Manon, ravie de les revoir, leur demandant ce qu'elles deviennent, ce qu'elles font dans la vie aujourd'hui. Je suis au milieu d'elles deux, elle me regarde, je vois bien qu'elle ne me reconnaît pas. Donc elle continue à parler à Camille puis Manon, puis les deux, sans me calculer un instant. Ce moment est tellement gênant.

En fait, cette chute de cheveux, plus que la féminité, nous fait perdre notre identité. Les gens ne me reconnaissent plus. Parfois je croise des connaissances dans la rue, qui me regardent mais ne s'arrêtent pas, ne m'ayant pas du tout reconnue. Il y a quelques semaines, j'ai même eu encore mieux que ça ! Nous étions à une soirée d'anniversaire avec Paul et on s'est retrouvés à parler tous les deux avec un gars qui était avec nous à la fac. Paul le connaissait un peu, moi je ne le connaissais que de vue. Et à un moment de la discussion, il s'est tourné vers moi et m'a dit « Tu ne serais pas la sœur de la copine de Paul ? ». Euh non, je SUIS la copine de Paul... Le gars avait dû reconnaître les principaux traits de mon visage, mais avait quand même remarqué que quelque chose était différent, n'arrivant donc plus à associer ma tête à ma personne...

Donc voilà, je ne suis plus moi-même, je suis ma sœur, je ne suis plus médecin, je suis malade, je ne suis plus vraiment femme, mais androgyne. J'ai cru être suffisamment solide pour faire la femme forte qui s'assume en toutes circonstances. Je me suis crue invincible, mais je suis en fait si vulnérable. J'ai voulu aller plus vite que la musique, mettre la charrue avant les bœufs. Alors je ressors ma perruque, mes sorties tête nue seront dorénavant réservées aux événements privés constitués de gens qui sont au courant de ma situation. Ce sera mieux comme ça.

Mercredi 1er juin 2022

Évidemment, on croit que la maladie est finie, que Lucie va bien, que les cures sont de plus en plus faciles à supporter. Que l'avenir immédiat est forcément radieux, bien programmé, facile à gérer pour elle, pour Paul, pour leur couple et pour nous. La réalité est toute autre.

D'abord les cures sont toujours aplasiantes, c'est-à-dire qu'elles détruisent tous les globules blancs, les lymphocytes et les polynucléaires présents dans le sang de Lucie. Elles sont lourdes à supporter, physiquement et mentalement. Les nausées sont systématiques et la pensée de ne plus pouvoir se défendre contre l'infection est pesante. Deux jours, trois à quatre jours après la cure du lundi, l'équivalent d'un mal de mer permanent se maintient sans la moindre pitié. Et cela à chaque cure, avec chaque produit injecté et chaque hospitalisation de jour supportée. Les mots de réconfort sont bien peu par rapport au combat d'usure que mènent la maladie et le traitement contre « Lulu la Warrior », le nom qu'elle avait inscrit sur son maillot de la course « Courir pour elles ».

Ensuite, il y a l'avenir immédiat. Lucie et Paul avaient le projet de partir une semaine en vacances en Crète. À la cure précédente, deux semaines avant, l'un des médecins du service, professeur d'hématologie, lui avait déconseillé fortement de faire ce voyage en Crète. Considérant que l'absence totale de lymphocytes représentait un risque trop élevé dans une île pas forcément équipée pour recevoir un cas aussi fragile en cas de pépin. Lucie avait admis que c'était effectivement un peu risqué. Et ce lundi, le deuxième médecin sénior du service, professeur d'hématologie lui aussi, lui tient le langage inverse. Pas de problème, elle peut partir, elle peut prendre le risque. Cela lui fera du bien et même cela pourrait être très bénéfique pour elle. Cette incertitude dans le jugement, ces opinions contradictoires, Lucie les déteste. Elle se rend bien compte que dans ces situations, elle ne peut compter que sur elle-même. C'est donc à elle de prendre la décision. Évidemment, elle prend la plus sage. Ne pas partir, annuler les billets d'avion, perdre l'argent des réservations hôtelières et avoir la frustration de renoncer à ces moments de repos avec Paul.

Et puis ce rendez-vous avec le chef de service lundi a eu un autre effet désespérant pour Lucie. Alors qu'elle avait prévu de reprendre son internat en Médecine en septembre dans un service de pédiatrie générale, le médecin-chef de service lui déconseille fortement de le faire. Il lui évoque l'exposition aux enfants malades, pleins de virus pendant la période automnale et hivernale alors qu'elle sera encore très immunodéprimée à ce moment-là, privée de toutes ses défenses vaccinales. Elle devra d'ailleurs reprendre toutes ses vaccinations à zéro après ces épisodes de traitements qui ont détruit toute la mémoire immunitaire de son organisme.

Pour Lucie, tout s'effondre. Tout ce qu'elle avait minutieusement préparé pour la reprise de sa vie normale. Et elle fulmine, de ne pas avoir été prévenue avant, de recevoir cette information maintenant, juste avant l'été, à trois mois de sa reprise présumée dans le service de pneumologie. La reprise dans ce service paraît impossible. Trop risqué en regard de son immunodépression deux mois après sa dernière cure de chimiothérapie aplasiante. Elle n'en peut plus de ces annonces, soit contradictoires, soit trop tardives par rapport à la réalité de sa vie quotidienne.

Elle me raconte cette dure réalité, suffocant de sanglots et de soupirs hoquetants. Son visage est marqué par la douleur et l'usure. Elle m'avoue aussi qu'elle est sortie pour la première fois dans la rue sans sa perruque. Juste coiffée de sa très mince couche de fins cheveux doux et soyeux. Cela ne l'empêche pas d'être belle et d'avoir le regard vif et volontaire. Mais quelle somme d'énergie intérieure faut-il pour affronter ces moments alternant les ascenseurs émotionnels, les faux espoirs et les vraies déconvenues ?

En racontant cet entretien à Isabelle, je vois qu'elle est touchée, marquée même par ces nouvelles. Réaction immédiate, elle nous annonce sa décision de ne pas partir en vacances en Écosse. On doit tout annuler. On se comporte comme des gougnafiers vis-à-vis de Lucie et de sa maladie. La culpabilité me saisit à mon tour, mais je pense aussi à Paul-Rémi qui n'a que deux semaines de vacances qu'il n'a vraisemblablement pas eu le loisir de choisir. Tenir le voyage pour Paul Rémi, ne pas considérer une semaine passée comme un mal agir, mais plutôt comme ce plaisir à partager avec notre fils qui vient d'entrer dans la vie active malgré son handicap. On partira en Écosse.

Mercredi 8 juin 2022

Dans dix jours, cela fera six mois. On ne sait pas, on ne sait plus s'il faut croire à la guérison, s'il faut reprendre la vie comme avant. Rire de tout et aimer Lucie comme une enfant. Ou envisager la femme qu'elle est devenue, dotée d'une implacable volonté de guerrière sur le point de vaincre sa maladie, en train de réenvisager la vie. On ne sait pas quoi penser, vivre chaque instant comme une éternité ou retrouver cette naïveté qui nous entraîne dans la félicité. Revoir les instants d'avant, s'imaginer intacts, sans la moindre épreuve à affronter. Effacer les images noires, reprendre la vie où elle s'était arrêtée. On veut encore se persuader qu'il ne s'est rien passé.

Maintenant que mes traitements se font plus doux, je me retrouve dorénavant confrontée à un certain nombre de difficultés administratives. Pour mon salaire d'abord. Notre contrat d'interne stipule que les Hospices Civils de Lyon arrêtent de nous payer après 3 mois d'arrêt maladie, sauf en cas de maladie grave comme un cancer. Je demande donc à obtenir cette dérogation pour maintenir mon salaire. Mais attention, ce n'est pas si simple. Il faut faire une demande écrite, à laquelle on joint les certificats de mon hématologue, mais aussi l'avis du médecin du travail. Tout cela doit ensuite passer devant une commission, qui ne se tient qu'au bout de 6 mois d'arrêt maladie. La secrétaire au téléphone au sujet de cette fameuse commission : « Elle permet de prouver votre bonne foi, prouver que vous avez bien un cancer ». Tu veux que je te prouve ma bonne foi ?

Mais je vais venir te gerber dessus sans cheveux, tu verras si j'ai un cancer connasse !

Et puis il y a ensuite les discussions sur ma reprise. Je veux reprendre le plus vite possible. Mon médecin me recommande donc une reprise qui peut être précoce si je le souhaite, mais à mi-temps, ce que je trouve en effet adapté. Mais une fois de plus les choses ne sont pas si faciles que ça. Oui parce que les internes n'ont pas le droit d'être à mi-temps thérapeutique. C'est ce que m'annonce la professeure responsable des internes à la faculté. Non, mais comment ça les internes n'ont pas le droit d'être à mi-temps ? Est-ce que ça ne fait pas partie des droits élémentaires du Code du travail ? Et puis, j'ai quand même un cancer, je n'ai pas l'impression que ma demande soit abusive. Mais non, les internes à mi-temps sont considérés administrativement comme en arrêt de travail et le temps travaillé sous ce régime n'est donc pas décompté dans la validation de nos stages d'internat. J'ai déjà cinq ans d'internat à tirer en plus de mes six premières années d'étude, je suis en train de prendre huit mois de retard, je ne vais pas en plus faire six mois gratos pour l'hôpital. Je fulmine. Je pleure de rage. Je l'insulte de tous les noms cet hôpital qui utilise ses internes comme des pions sur un jeu d'échiquier. Qu'on prend, qu'on déplace, qu'on utilise à notre guise. Et qu'on laisse tomber quand ça devient trop compliqué. Je repense à ces semaines à 80 h de travail que j'ai enchaînées. À voir mourir des bébés prématurés dans mes bras, et ça sans que personne ne s'inquiète de la façon dont je vivais les choses, du retentissement que cela pouvait avoir sur une jeune interne de tout juste 23 ans. Je repense à ces nuits sans sommeil aux urgences pédiatriques. À prendre en charge les enfants à la chaîne jusqu'au petit matin, dans une ambiance apocalyptique où les gens peuvent attendre jusqu'à 8 h avant de voir le moindre médecin. Et tout ça, je l'ai fait sans me plaindre. Avec le souci du travail bien fait. Pour rendre service. À mes patients, à mes séniors, à l'hôpital. Et maintenant, maintenant que je suis au pied du mur, on veut que je « prouve ma bonne foi », on me refuse le mi-temps.

Mais dans quel monde on vit ? Dans un monde où on regarde des jeunes de 18 ans sacrifier 2 à 3 années de leur vie pour réussir la première année de médecine dans des conditions de compétition effroyables. On regarde ensuite les victorieux plancher sur leurs bouquins nuit et jour pendant six ans, avant le fameux concours de l'ECN (examen classant national), dont le classement nous permet de choisir notre spécialité et notre ville, détermine notre vie en fait. Dans un monde où on méprise ensuite les internes, ceux qui ont déjà tant sacrifié, ceux qui, entre 25 et 30 ans, aimeraient commencer à construire leur vie personnelle et familiale. Je me suis fait une réflexion au début de mon arrêt maladie, quand je me suis rendu compte que je n'allais pas travailler pendant plusieurs mois. Mais qu'est-ce que je vais bien pouvoir faire ? Qu'est-ce que je vais faire de mes journées si je ne vais pas travailler à l'hôpital ? J'ai passé les huit dernières années de ma vie à travailler d'arrache-pied, je n'ai pas vraiment de passion en dehors de mon travail, pas de hobby particulier, je ne fais pas vraiment de sport. En fait, je n'ai pas de vie en dehors de mon travail. Triste conclusion. Évidemment que j'exagère un peu, j'ai un copain, je sors avec des amis, je vois ma famille, je vais de temps en temps au cinéma, je pars en vacances. Mais le constat est tout de même clair : ces huit dernières années, je me suis dédiée corps et âme à mon travail. Et tout ça pour quoi ? Pour n'être même pas payée au SMIC horaire et pour me faire chier dessus par l'administration au moment où j'ai le plus besoin d'aide. Je me sens comme trahie.

Dimanche 12 juin 2022

Lucie mange avec nous aux Collerettes. À la fin du repas, elle nous fait écouter une chanson composée et interprétée par l'équipe de soins de l'Institut d'Hématologie et Oncologie Pédiatrique de Lyon, plus rapidement appelé IHOP par les médecins, les malades et leurs familles. L'air est gai, entraînant. Les paroles parlent de vie possible, de rêve à accomplir, d'envie, de bonheur et d'accès à l'amour de ses proches. Isabelle et moi sommes silencieusement en pleurs pendant que Lucie sourit en reprenant le refrain. Une chanson pour les enfants et les jeunes atteints de leucémie ou de cancers. Les paroles, la musique, tout nous replonge dans l'annonce de la maladie, dans la peur de la mort, de la perte d'un être si fragile et si cher. Nous nous réfugions dans la cuisine pour dissimuler notre trouble et reprendre courage avant de retourner à table en pensant à l'espoir de guérison définitive. La musique nous poursuit jusqu'au fond de l'âme, jusqu'à fondre en larmes à nouveau.

Jeudi 16 juin 2022

La chimio de cette semaine s'est bien passée. Lucie a dormi pendant toute la séance d'hôpital de jour. La fatigue accumulée et les médicaments anti allergiques ont eu raison de sa conscience. La baisse des globules blancs et des lymphocytes est encore spectaculaire, mais il semble que l'on tienne le bon bout dans l'optique de la fin du traitement.

Ce matin à 8 h 15, Lucie m'appelle avec sa voix des mauvais jours. Elle n'a pas dormi de la nuit parce qu'elle ne sait plus que choisir pour son prochain stage d'internat. Paradoxalement, elle a tous les choix possibles. Un accord pour faire un semestre d'allergologie, une possibilité de faire un stage en neuro et tout cela avec un aménagement du temps de travail pour tenir compte de la difficile épreuve qu'elle vient de vivre. Mme la Pr N, coordinatrice de la spécialité d'allergologie lui a donné le feu vert pour commencer cette année. Mais Lucie, soucieuse de la bonne stratégie d'enchaînement des stages, ne veut plus faire l'allergo à ce moment de l'internat. Elle préférerait la démarrer plus tard, après avoir bien appris la pathologie. L'embarras du choix, la crainte de déplaire à Mme N, c'est l'enfer de la décision pour quelqu'un qui oriente ses choix après mûre réflexion. Évidemment, je lui propose d'être plus résiliente, un peu plus « last minute » comme j'en ai l'habitude. Mais nous ne sommes pas tout à fait du même bois et l'enfer du choix la reprend, la déstabilise et lui donne envie de pleurer. Je lui conseille le chemin le moins coûteux en termes de fatigue et lui évoque le fait que la carrière est longue, très longue et que les choix sont rarement irrémédiables. Surtout qu'ils sont souvent bien acceptés et rarement regrettés une fois faits, ces choix de vie. Ne pas regretter est une philosophie de vie, faire confiance à son destin est un principe intangible.

On se rappelle à 19 h, ça y est, tout est planifié. L'allergo en novembre puis un stage à Genève l'année suivante. De belles perspectives, un programme calé, une conscience apaisée. Le départ en vacances avec Paul pour un grand tour dans le sud-ouest aide à voir la vie en rose comme le rose de son t-shirt « Courir pour elles ».

Une question m'assaille soudain. Je n'ai pas prié pour Lucie. Dans d'autres moments de notre vie familiale, la maladie de notre fils, le décès soudain de Fabienne ou celui de ma mère, je n'ai pas hésité à prier, à prendre de longs moments de méditation lors des messes ou lors de moments de tendresse avec Isabelle. Mais là rien ! Comme si la maladie de Lucie était trop grave pour être confiée au divin et à ses indubitables aléas. Richard Dawkins, un athéiste anglais militant dit : « La science est nocive pour la religion et inversement. » Dans notre cas, celui d'une maladie très grave que la science médicale est arrivée à contrôler voire à guérir, c'est vrai que nous n'avons pas envie d'introduire dans cette rigueur du traitement, cette implacable succession de cures médicamenteuses, un élément aussi incertain, venu du fond des âges sans la moindre preuve que la religion. Même en traitement adjuvant, c'est-à-dire en complément de la prise en charge, même en soins de support, on ne peut pas, je ne veux pas compter sur la prière pour soulager Lucie. Je ferai plus confiance à la réflexologie plantaire, à la gentillesse de la coiffeuse, à la mise en place de l'activité physique adaptée plutôt que l'appel à Dieu, Jésus Christ ou la Vierge Marie. À quel moment de la prise en charge, pour faire céder quelle nausée, quelle fatigue extrême, quelle perte de globules blancs ou de lymphocytes pourrais-je compter sur la religion pour soulager Lucie ? Le Bouddhisme peut-être avec ses exercices de méditation, ses efforts de concentration sur la respiration, l'apaisement du corps. La spiritualité ressentie par le corps me séduirait peut-être davantage. Mais cela nécessiterait que Lucie adopte ces principes, car dans le Bouddhisme, ce n'est pas une divinité qui vient à ton secours, c'est plutôt une philosophie de lutte contre toute forme de souffrance par l'accès individuel à sa force intérieure. Il s'agit d'un lent exercice personnel, une ascèse maintenue dans un apprentissage de sa propre sérénité.

Comment ne pas espérer que les incontestables progrès acquis par les données de la science ne soient pas tous mis au service de la guérison, du soulagement des symptômes et du retour à la vie d'avant ? Comment introduire dans ce processus exigeant et rigoureux, conduit avec application et ténacité, quelque chose d'aussi impalpable que la métaphysique religieuse ? Je me souviens avoir trouvé un jour un article scientifique qui semblait prouver l'efficacité de la prière dans la ressuscitation cardiorespiratoire en service d'urgence. À chaque patient qui arrivait en arrêt cardiorespiratoire, un groupe de trois personnes de différentes religions se mettaient à prier avec pour seul lien avec le patient la connaissance de son prénom. L'étude conduite avec une méthodologie rigoureuse montrait un léger effet sur l'amélioration de la survie globale. Je reprends souvent cet exemple dans mes cours sur l'introduction à la démarche scientifique. Expliquant que selon Thomas Samuel Kuhn, philosophe des sciences à l'université de Harvard, la science se distingue des autres modèles de pensée par un triptyque : la théorie, les méthodes et les données. En prenant l'exemple de l'article sur l'effet de la prière, on peut faire la démonstration que les données et la méthode ne suffisent pas pour revendiquer une vérité scientifique. Dans cet exemple, la théorie qui prétendrait que Dieu guérit n'est pas soutenable. Elle ne figure nullement dans les théories scientifiques vérifiables. Quand Jésus guérit un malade, c'est un miracle, pas un fait scientifique. La Sainte Trinité – Dieu le Père, le Fils et le Saint-Esprit – ne peut pas être confondue avec la trilogie de Thomas Kuhn : théorie, méthodes, données.

Mardi 21 juin 2022

Ce n'est que maintenant que je reprends le chemin de l'écriture. Je n'en ai ressenti ni le besoin ni l'envie ces dernières semaines. Mais j'y reviens finalement avec plaisir, sur cette terrasse face à l'océan, à admirer Paul faire son cours de surf pendant notre semaine de vacances dans le sud-ouest. Mes traitements sont dorénavant beaucoup plus légers, encore quelques nausées, un peu de fatigue, mais plus d'aplasie profonde, plus de mucite, plus trop d'hémorroïdes, plus de chute de cheveux. Un peu de répit, plus de quoi vraiment me plaindre et l'espoir de toucher du doigt le retour à une vie normale. Et pourtant, je crois que je n'ai jamais été aussi angoissée. C'est fou comme tomber dans la maladie semble facile et comme en sortir est tout autre. Avec le recul, j'ai vraiment cette impression d'une chute dans la maladie, brutale. On chute de la falaise des bien-portants et on se trouve brutalement propulsé dans les méandres de la maladie. Méandres faits de doute, d'anxiété, d'attente, de souffrance, de frustration. Mais a posteriori, cette période a, par certains aspects, quelque chose de rassurant. Comme si un cocon se mettait en place autour de nous, un environnement ouaté et protecteur. Un environnement médical d'abord, ultra présent, qui décide finalement de toute notre vie : des jours de traitement, de notre emploi du temps, de ce qu'on a le droit de faire ou non. Il en résulte une véritable privation de liberté, certes, et en même temps, il est rassurant de se laisser guider, de suivre avec confiance les injonctions bienveillantes de ceux qui savent ce qui est bon pour nous. Ce cocon est évidemment aussi composé de mon environnement familial et amical. Tous mes proches qui s'étaient regroupés autour de moi, formant un solide réseau m'empêchant de sombrer. Les gens voient que je vais mieux, ils le sentent, et c'est aussi ce que je leur donne à voir. L'image d'une femme forte, souriante, que rien ne peut plus atteindre. Alors les mailles se desserrent. Pour mon médecin, je suis en rémission, je suis un succès de plus à son palmarès. Pour mes proches, je suis victorieuse, j'ai atteint le graal, le plus dur est fait. Et pourtant, ce retour à ma vie d'avant me semble loin d'être évident. J'ai l'impression de m'être embourbée dans cette case « maladie » et de ne pouvoir en sortir qu'en escaladant une longue paroi lisse et sans prises.

Je commence à me projeter sur un retour au travail. Cela doit faire un mois que j'y pense quotidiennement, avec énormément d'angoisse. Comment faire ? Par quoi commencer ? C'est si difficile de reprendre seule les rênes de ma vie. Je projette un retour au travail pour septembre ou octobre peut-être. J'aimerais idéalement reprendre dans un service de pédiatrie générale : voir de tout, des enfants de tous âges, avec des pathologies diverses et pas trop spécialisées. Histoire de me remettre dans le bain, moi qui ai perdu toute confiance en moi et en mes connaissances. Alors j'y réfléchis, je me renseigne. Je pourrais reprendre aux urgences avec un emploi du temps aménagé ? Ou alors dans le service d'endocrinologie/pédiatrie générale, stage que j'ai très envie de faire. Et puis j'ai eu la semaine dernière rendez-vous avec le Pr G. J'aborde le sujet de ma reprise du travail, sujet trop peu souvent abordé je trouve. Et là il détruit tous mes projets en deux secondes. Mes globules blancs vont mettre plusieurs mois à remonter, je vais donc rester à risque infectieux pendant un certain temps. Donc hors de question d'être en contact avec le moindre virus ou bactérie cet hiver ! Euh il est au courant que je suis pédiatre ? Et que tous les enfants chopent toutes les cochonneries possibles en hiver ? Je vois mal comment trouver un stage à l'abri de tout ça... Je ressors donc dépitée, tout mon plan tombe à l'eau...

Alors comment sortirai-je de tout ça ? Lors d'un de mes nombreux coups de blues, j'ai dit à Paul que je ne sortirai pas indemne de cette épreuve. Il avait été choqué par cette formule, qui sous-entend la persistance de séquelles ou du moins l'impossibilité du retour à une vie comme avant. Certes, je reprendrai un jour une vie normale : aller au travail, voir des amis, passer des moments en famille, acheter un appartement, se marier, avoir des enfants. J'ai tout de même cette impression que je ne serai plus jamais vraiment la même. Là, face à l'océan, j'admire les vagues qui déferlent. Ces masses d'eau, d'une puissance ahurissante, qui surgissent des flots et finissent par éclater sur la plage. Ce spectacle me semble être une métaphore de ma vie ces dernières semaines. Tombée de la falaise des bien-portants, je me suis retrouvée emportée par la vague. Elle m'a engloutie. Je n'ai pas surfé sur la vague, comme le font au loin ces rois de la glisse, qui se jouent des éléments et mettent à profit la puissance de la nature. Non, moi je me suis fait emporter, lessivée, essorée par la vague. Et elle m'a finalement ramenée sur la plage. C'est là que je suis maintenant. Échouée sur la plage, profitant d'un soudain retour au calme.

Samedi 25 et dimanche 26 juin 2022

Nous rentrons de nos vacances dans le Sud-Ouest avec Paul, mais j'enchaîne avec d'autres réjouissances puisque ce week-end, c'est l'enterrement de vie de jeune fille (EVJF) de Marie, une de mes très bonnes copines de fac ! J'attendais ce week-end avec impatience ! J'ai même mis à profit mon temps libre ces dernières semaines pour broder des t-shirts personnalisés « Marie se marie ! ». On se retrouve toutes le vendredi soir, dans une superbe maison provençale que nous avons louée proche d'Avignon. La maison est magnifique, terrasse avec piscine, les copines sont en pleine forme, toutes les conditions sont réunies pour passer un super week-end festif entre girls ! On commence le week-end par une dégustation de vins le samedi matin. Et on enchaîne l'après-midi par un cours de pôle dance. On est vraiment dans le cliché de l'EVJF, certes, mais on ne juge pas ok ? On a évité les pompiers strip-teasers, c'est déjà pas mal ! On se retrouve donc dans un petit club de danse, hilares, prêtes à passer un moment ultra girly et sexy. La prof nous montre quelques exercices de base. On se rend très vite compte qu'on est loin d'être des pôles danseuses affriolantes et qu'on ressemble plutôt à des marsupilamis agrippés à leurs lianes. Pour le côté sexy, faudra repasser ! Mais on se marre, on se prend en photo. Et puis j'y prends goût, malgré l'image assez vulgaire à laquelle cette pratique renvoie, je trouve que c'est finalement assez gracieux. Je me regarde un peu dans les miroirs dont tous les murs de cette salle sont couverts. Et je me trouve jolie. Pour la première fois depuis de nombreuses semaines, je me trouve plutôt jolie. Ma coupe à la garçonne commence (un peu) à ressembler à quelque chose, je me suis bien maquillée, ma petite jupette de tennis est plutôt seyante. Bon ce n'est pas encore la folie, mais franchement, ça commence à être pas si mal. Je ne sais pas si j'aurai acquis beaucoup de compétence en pôle dance, n'empêche que cette séance m'a fait vachement du bien. Elle a reboosté un peu mon estime de moi-même. Je vais proposer ça à ma psy la prochaine fois : des séances de pôle dance thérapeutiques. Il faudrait presque que ce soit remboursé par la sécu !

Lundi 27 juin 2022 – dixième cure

Nouvelle journée à l'hôpital pour ma dernière cure intraveineuse, puisque mes deux dernières cures seront de simples piqûres sous-cutanées. Après mon week-end festif, je suis crevée. Je somnole un peu toute la journée. À peine réveillée par le passage de Lola pour une séance de réflexologie plantaire spéciale prévention des nausées. Je retrouve un peu d'énergie tout de même en fin de journée, car je sais qu'on doit m'enlever mon Picc line. Ce truc qui me pendouille du bras depuis des mois. Ce corps étranger intrusif, dont le bout atteint mon cœur. Ce truc qui m'empêche de me mouiller, m'obligeant à me couvrir le bras de cellophane à chaque douche. Ce machin que j'ai essayé de cacher pendant toutes ces semaines avec un petit brassard en tissu fleuri que j'avais confectionné, et qui malgré cela m'a valu tant de regards interrogateurs ou des remarques gênantes du genre « C'est un tatouage que tu caches là-dessous ? ». Pas vraiment non. Ce petit tuyau que j'ai tant haï, mais dont je prenais quand même tellement soin, de peur qu'il ne s'abîme et qu'on doive m'en poser un nouveau. Cette voie veineuse qui nécessitait le passage hebdomadaire de l'infirmière pour en refaire le pansement, parfois dans la douleur, des petites croûtes s'étant formées autour du tuyau. Et bien ça y est, c'en est fini ! J'appréhende le retrait, j'ai peur que ça me fasse mal ou que ça saigne beaucoup. Et finalement, c'est fait en quelques secondes. Ça y est, mon bras est libre. J'ai du mal à retenir quelques larmes de soulagement. L'infirmière me met un petit pansement, que je pourrai retirer dès le lendemain. Cette sensation est incroyable. Ma peau qui n'avait pas vu le soleil depuis toutes ces semaines est enfin au contact de l'air libre ! Une fois seule, je fais des petits mouvements de bras, je le regarde dans tous les sens, je dois avoir l'air tout à fait ridicule, mais ça me fait du bien.

Je sors donc de l'hôpital le bras libre et l'esprit un peu plus léger, consciente que c'est une étape de plus de passée. Je me retrouve en bas du bâtiment d'hématologie. C'est l'heure de pointe, tout le monde sort à peu près à la même heure de l'hospitalisation de jour. Je me retrouve donc au milieu d'une joyeuse bande de cancéreux, attendant patiemment leur taxi pour rentrer chez eux. Il y a un peu de tout : des hommes et des femmes, des blancs et des noirs, des gros et des maigres, des chevelus et des chauves (enfin peut-être un peu plus de chauves quand même !), des joyeux et des grincheux. Bon en revanche, une fois de plus, heureusement que je suis là pour faire baisser un peu la moyenne d'âge. Comme mes joyeux compères, j'attends donc patiemment mon taxi. Je vois passer au milieu de cette sacrée troupe une jeune fille, à peu près mon âge, avec l'air pressé. Une blouse dépasse de son sac, je me dis qu'elle est peut-être interne. Je me dis qu'il y a quelques mois, cette jeune fille, ça aurait pu être moi. Moi aussi j'ai été interne, la blouse à la main, pressée, à marcher vite avant de débuter une garde. Et aujourd'hui je suis là. Assise au milieu de ma bande de cancéreux, à angoisser d'avance de mon retour à la vie active.

Mardi 28 juin 2022

Lucie revient de sa chimio. Elle est pâle, fatiguée, mais me tend son bras droit avec fierté : « Je n'ai plus mon Picc line, on me l'a enlevé aujourd'hui, yeeess ! » Je partage cette bonne nouvelle avec elle, mais je constate aussi que la franche gaieté n'est pas là. J'interroge, le sourire vient en même temps que les larmes, avec des mots d'excuse et de confusion. Je ne sais pas si le soulagement l'emporte sur la souffrance et l'usure, sur la lassitude et le découragement. Lucie vient d'écrire que la vie d'après ne serait plus comme celle d'avant, que les nombreux coups de blues ont été mélangés aux moments d'espoir. Elle a écrit comme un titre de paragraphe encore non écrit : « L'angoisse de la mort ». En rentrant d'une thèse sur le vécu du vieillissement, je m'interroge à mon tour sur le vécu de l'angoisse de mort. Comment ces pensées que l'on chasse et qui reviennent à notre insu sont-elles métabolisées par des psychismes innocents ou pas. L'envie de vivre ne balaie pas tout, des traces doivent rester et c'est sans doute ce que Lucie veut dire quand elle exprime que rien ne sera plus comme avant.

Cela me renvoie à une question éternelle de parent. A-t-on bien fait ? À quel moment avons-nous pu nous tromper dans l'accompagnement de l'enfant à chaque étape ? Cette quête du savoir-être, du savoir-faire, nous fait sans cesse nous demander si nous avons été de bons parents pour Lucie. Je revois son visage d'enfant, ses yeux brillants, grand ouverts, ses rires émouvants, ses mots rares ou fréquents. Je sens aujourd'hui, à ce moment précis, vingt-cinq après, combien les étapes de cette vie sont ancrées en moi. Elles tiennent dans l'esprit et demeurent dans l'âme, comme celles des êtres les plus chers. Il n'y a pas de hiérarchie dans l'amour. Aucun ne ressemble à un autre. Celui pour le père, la mère, pour l'épouse, pour chacun de ses enfants. Aucun de ces liens ne peut se résumer à un simple sentiment. Ils sont faits de mots et d'images, de temps forts et de pleurs, de vie ensemble et de bonnes heures, de moments tristes et de bonheur. Rien n'explique la diversité et la force de ces liens d'amour.

Lundi 11 juillet 2022 – onzième cure

Ça y est, l'été est là ! Les rayons du soleil qui nous réchauffent la peau et le cœur, cette promesse de douceur, de farniente et de chouettes moments partagés ! Je pars m'installer aux Collerettes avec Maman dès ses premiers jours de vacances. Quel bonheur ! On s'échappe de la morosité de la ville, du bruit, de son effervescence, de ses contraintes pour passer à la tranquillité de la vie à la campagne. Les douces lueurs du soleil sur les champs en ouvrant les volets le matin, prendre le petit déjeuner dehors accompagnée par le chant des oiseaux, avoir la visite de nos adorables voisins qui arrivent les bras chargés de légumes de leurs potagers, installer mon atelier de couture dehors, admirer le coucher de soleil. Mais ce début d'été est aussi pour moi le début de la fin de la chimio. J'entame mon dernier cycle de traitement. Deux cures, administrées en sous-cutané par une simple piqûre dans la cuisse. Ce nouveau produit, l'Aracytine, est a priori plutôt bien toléré, bien qu'il puisse donner un peu de fièvre. Chaque cure se déroule sur 4 jours : une première injection à l'hôpital puis 3 injections à domicile par une infirmière libérale. J'ai donc réussi à trouver une infirmière aux Collerettes. Je commence alors ce nouveau cycle le lundi 11 juillet. Tout se passe simplement, le produit brûle un peu lors de l'injection, mais rien de plus. L'infirmière vient mardi matin, elle est étonnée par la quantité de produit à injecter. Moi plus rien ne m'étonne, ils sont fous ces médecins ! Et puis en fin d'après-midi, je commence à fatiguer un peu, touchée par une soudaine léthargie qui me stoppe dans mes projets de couture. Je me couche tôt en sentant que ça ne va pas. Je commence à avoir la chair de poule, je tremblote. Je me connais maintenant, je sais comment mon corps réagit à l'arrivée de la fièvre. Je prends ma température en me couchant, 36,7 °C, bon je me suis peut-être emballée... Je me couche donc, emmitouflée sous un plaid alors qu'il fait encore 25 °C dehors en ces temps caniculaires. Et je me mets à avoir des douleurs un peu partout, dans le dos, les jambes, le thorax. J'ai l'impression d'avoir la poitrine enfermée dans un étau. Je grelotte. Je reprends ma température, à peine une demi-heure après l'avoir prise : 38,3 °C. Ah il me semblait bien aussi ! J'ai beau être prévenue que ce traitement peut donner de la fièvre, je ne peux m'empêcher de psychoter.

Qu'est-ce qu'il m'arrive encore ? Une infection ? D'où viennent ces douleurs au thorax qui ressemblent à s'y méprendre à mes douleurs initiales ? Avec la chance que j'ai, je dois être en train de faire une péricardite ou je ne sais quelle maladie pourrie. Je passe une nuit hachée, réveillée toutes les 3-4h, dès que le Doliprane ne fait plus effet, par une recrudescence de la fièvre et des douleurs. Ce n'est que vers 11 h le lendemain matin que j'émerge enfin... J'appelle les médecins de mon service, je retrouve Claire, ma fidèle interne, qui me dit d'interrompre les injections et d'aller dès que possible au laboratoire le plus proche (à 20 min de route dans notre cas...) pour faire tout plein d'analyses afin d'éliminer les autres causes possibles de fièvre. Tout s'avérera être normal, cette réaction était due au traitement... Je suis encore complètement KO, comme prise d'une grosse grippe. On a un mariage prévu avec Paul dans la Drôme, un ami de sa famille. Il me faut 4 h de train pour aller là-bas, déraisonnable dans mon état. Une fois de plus, une seule solution : renoncer. Tant pis, je passerai mon week-end à me faire dorloter aux Collerettes, ce n'est pas si mal non plus.

Jeudi 14 juillet 2022

On prévoit un grand week-end tous ensemble aux Collerettes. Après deux jours d'Aracytine sous-cutanée, une chimiothérapie encore très active, les globules blancs de Lucie sont au plus bas et la fièvre monte 38,5 - 38,7. Nécessité de faire des prélèvements de sang, des hémocultures. Coup d'arrêt dans la quiétude, nouvelle inquiétude, peur de l'infection, du COVID, peur de tout en fait. Lucie appelle son médecin, il interrompt la cure d'Aracytine. Nouvelle peur : cet arrêt du traitement de la semaine va-t-il avoir pour conséquence une moindre efficacité du traitement, va-t-il déclencher une récidive de la maladie ?

Le lendemain, Lucie tousse. Oh deux ou trois fois pas plus. Mais suffisamment et de la même manière que cette toux du début de la maladie. Cette maudite toux qui a fait découvrir la masse noire et l'entrée dans cette histoire. Nouvelle crainte inondée de tristesse et de pessimisme. Espoir de guérison totale écorné, menace du pire, le traitement inefficace. Nous y pensons, Lucie y pense aussi bien sûr. En plein repas, elle évoque la récidive, ses mots s'étranglent dans l'arrière-gorge puis elle se rassure en se rappelant l'image du PET scan. Mais que c'est dur de se sentir à la merci d'une poignée de cellules qui ont envie ou pas de proliférer sans aucune raison valable. Et dire que ces petits êtres vivants, les cellules cancéreuses font partie de la vie, de la nature, du grand tout. Et qu'elles n'ont pas de sentiment, pas de pitié, pas la moindre commisération pour la victime. Juste de stupides cellules qu'on aimerait passer à la tapette à mouches, une par une, juste pour soulager la souffrance intérieure.

Bonjour ma belle !

Lucie se réveille à 8 heures pour aller voir l'infirmière pour une énième prise de sang. On en profite pour aller au marché de Marcigny et profiter de la gaieté des habitants et des visiteurs. Croire à la vie, à ce sourire, à cette envie, ce désir d'aller, de marcher, de continuer. Prendre chaque instant et le porter dans l'éternité, faire de ces moments une mémoire de bonheur. Penser le lendemain sans le dramatiser, porter ce matin jusqu'aux belles lueurs du soir, sans nuages. On y va ma belle, on y va !

Lundi 25 juillet 2022 – douzième cure

La der des ders. La voilà, la douzième, la cure finale. Je passe la journée à l'hôpital, car j'ai aussi mon IRM cérébrale de contrôle ce matin, pour vérifier que la thrombose soit bien partie. J'arrive donc à l'hôpital vers 9 h, j'attends pour passer mon IRM, je passe ensuite une demi-heure dans la machine. Sortie vers 11 h 30, je me dirige vers la cafèt de l'hôpital, je prends une petite salade et j'attends patiemment ma consultation pré-chimio qui n'est qu'à 14 h. Je vois donc le Pr G., il valide mon injection. Et alors qu'on se disait d'habitude « à dans 15 jours », il me dit « à bientôt ». Notre prochain rendez-vous ne sera que dans 2 mois, après mon dernier PET scan de contrôle. Deux mois sans aller à l'hôpital. Ça me paraît encore surréaliste.

Je vais ensuite à l'hôpital de jour, où j'attends encore deux heures et demie avant d'avoir mon injection. Une fois faite, il est maintenant temps d'attendre le taxi qui doit me ramener à la maison, qui me fait encore attendre une heure. Je ne sais pas si c'est le fait que c'est la dernière, mais cette journée m'a excédée. J'ai passé presque 10 h à l'hôpital pour 30 min d'IRM, 20 min de consultation et 5 min d'injection. J'ai fait 4 ou 5 salles d'attente dans la journée.

Je repars le soir même aux Collerettes avec Camille. Les parents étant en vacances avec Paul-Rémi cette semaine, elle vient me tenir compagnie en télétravaillant à la campagne !

Jeudi 1er septembre 2022

Une semaine aux Baléares avec Eugénie, sœur aînée, sœur aimée. Pour équilibrer les plaisirs familiaux avec ceux que nous avons vécus sans elles deux en Écosse. On participe financièrement au voyage avec Isabelle et on est heureux qu'elles partent ensemble pour ce plaisir à deux. On reçoit des photos chaque jour sur WhatsApp et on devine à chaque cliché que les moments sont de pur plaisir, que la maladie est probablement assez loin, voire oubliée pour un temps. La visite d'une église rococo, la rencontre des ânes et des chèvres sur la plage, le petit déjeuner continental ou la sangria sur la plage, chaque trace de leur bonheur partagé nous remplit d'aise et nous fait oublier les durs moments de cette année. Dès leur retour, l'une après l'autre nous raconte en détail les instants de découverte, d'étonnement ou de ravissement qu'elles ont vécus ensemble. Savoir qu'elles ont été bien, que tout a été simple et agréable, c'est juste ce que des parents anxieux attendent. Que les enfants soient sans peine, sans souffrance, confiants dans leur force, c'est bien cela que nous voulons.

Jeudi 8 septembre 2022

Quelle incroyable information ! Quelle amère nouvelle, quelle mauvaise impression ! Quelle injustice à nouveau ! Nous apprenons que la fille de ma cousine, qui vient d'avoir 26 ans, est elle aussi atteinte d'un lymphome. On comprend d'un seul coup l'effet que cela peut faire d'apprendre que quelqu'un de proche est atteint de cette maladie grave. On ressent la tristesse, le sentiment d'iniquité, la gravité de la maladie et l'infinie détresse que doivent ressentir son père, sa mère et ses deux frères. Je manque de courage pour appeler sa mère, ma cousine. J'ai objectivement peur de sa réaction, de cet appel qui va nous faire partager, voire amplifier nos peines, nos craintes et notre sentiment d'injustice familiale. Appeler Lucie, connaître son sentiment, son avis. Cet après-midi, elle me parlait de son ennui, de cette inactivité qui la rend morose. Elle arrive à s'occuper, mais rien de ce qu'elle fait ne ressemble à une vie active et responsable. Elle attend cette reprise du travail, plus que 10 jours d'attente, mais que les heures sont longues quand il y a si peu de choses à faire.

Samedi 9 et dimanche 10 septembre 2022

Ce week-end, je l'attends avec impatience ! C'est le mariage de nos supers copains Marie et Mathieu ! Depuis le temps qu'ils nous en parlent, on a hâte ! J'arrive la veille pour les aider dans les derniers préparatifs. Entre le mariage de ma copine Lélia en juillet auquel j'avais bien contribué et ce mariage-ci, je crois que je peux me reconvertir en wedding-planner ! Il faut avouer que j'ai pris énormément de plaisir à réfléchir à la déco, à conserver tous mes flacons en verre de bicar (mes bains de bouche) pour les customiser et les changer en vases, à leur coudre et broder un coussin d'alliance, à confectionner des boutonnières et petits bracelets en fleurs séchées... Nous allons aussi chanter pendant la messe avec Paul, ce que nous avions déjà fait pour l'enterrement de ma grand-mère et le mariage de mon cousin. Les deux Nicolas, le témoin et le copain de Romane, vont nous accompagner au piano et au violoncelle, avec une amie de Marie à la clarinette ! On est super excités et trop contents de pouvoir faire cette cérémonie 100 % made by leurs copains !

D'autant plus que la cérémonie va être célébrée par le Père Lalanne, un prêtre jésuite qui a travaillé deux ans au Centre Laennec (la boîte à colle où nous nous sommes tous rencontrés). Nous l'avions tous énormément apprécié et Marie et Mathieu avaient donc trouvé évident de lui demander de les marier ! Il arrive lui aussi la veille au soir pour les ultimes répétitions. Il se montre extrêmement rassurant face au stress qui commence à envahir les jeunes mariés ! Et le soir venu, c'est devant un splendide barbecue préparé par les papas des mariés, que sa présence me pousse à me questionner sur ma foi et la place de la religion dans ma vie ces derniers mois. Je suis catholique, je suis baptisée, j'ai fait ma première communion, puis ma profession de foi et ma confirmation. J'ai fait quasiment toute ma scolarité dans des établissements catholiques, jusqu'à mes études de médecine au Centre Laennec, communément appelé le Cha, boîte à colles tenue par des jésuites. Je me suis toujours considérée comme croyante, bien qu'un peu moins pratiquante ces dernières années. Il est sûr que le rythme effréné de mes études n'est pas très propice à la prise de recul et à la réflexion sur soi et sa foi. Et alors que la foi m'avait été d'un grand secours dans les épreuves de ces dernières années, notamment le suicide de ma tante et le décès de ma grand-mère, je dois avouer que pour la maladie, ce n'était pas pareil. Je pense avoir eu une réaction en plusieurs temps. Tout d'abord, j'ai eu comme une réaction de recul. J'ai traversé trop d'épreuves ces dernières années, celle-ci était la goutte d'eau qui a fait déborder le vase. Qu'est-ce que j'ai bien pu lui faire au Bon Dieu pour qu'il m'inflige tout ça ? Je veux bien vivre à l'image de Jésus, porter sa Croix, que chacun vive sa Passion, blablabla... mais là c'est bon, j'ai eu ma dose non ? Et je pense que mon côté scientifique m'a également assez vite fait réaliser que ma guérison reposait sûrement plus dans mes poches de chimio que dans la prière. Alors non, je n'ai pas prié pour ma guérison. Je n'ai pas imploré le Seigneur de me venir en aide.

Ai-je donc perdu la foi ? Ma foi a évidemment été ébranlée par mes études scientifiques. J'ai passé 8 ans à comprendre le fonctionnement du corps humain, à apprendre des manœuvres de réanimation, de « ressuscitation » comme disent les anglophones. Alors évidemment, la résurrection de Jésus, ça me paraît un peu abstrait dorénavant... Et en même temps, qu'est-ce que je perds à y croire ? Je me reconnais bien dans le pari que Pascal détaillait dans ses Pensées. Je n'ai finalement pas grand-chose à perdre à croire. C'est là qu'intervient le grand-père de Marie, incrusté discrètement dans notre discussion, brillant polytechnicien, qui nous cite Louis Pasteur : « Un peu de science éloigne de Dieu, beaucoup de science y ramène. » À méditer…

Nous poursuivons donc cette passionnante discussion avec le Père Lalanne, qui du haut de ses 40 ans semble avoir une telle sagesse et un tel recul sur la vie. Facultés qu'il a dû cultiver pendant ses années de séminaire, passées à la fois à la rencontre de l'autre et la rencontre de lui-même, pendant ses longs temps de prière imposés dont il nous raconte la difficulté au début. C'est en l'écoutant que je me rends compte à quel point je me sens vide à l'intérieur par rapport à lui. Bon je ne vais pas rentrer dans les Ordres, calmons-nous, mais je réalise que ma vie spirituelle de ces dernières années est un désert aride. Que je sonne creux. Je pense que nous avons tous besoin d'une forme de spiritualité, qu'elle passe par la religion, le yoga, la méditation ou autre. Eh bien moi je me rends compte que mes dernières années d'étude m'ont vidée de l'intérieur, comme essorée. J'ai passé huit ans de ma vie à courir derrière la performance pour mes concours, derrière le plaisir pendant nos rares moments de pause, derrière un bonheur finalement si superficiel fait de réussite, de « kiff ». Et après ces huit mois d'arrêt maladie, où j'ai quand même eu le temps de réfléchir à ma vie, je me rends compte à quel point ma vie d'avant me paraît aujourd'hui vide de sens. Oui je fais un métier éminemment tourné vers l'humain, mais que je pratiquais sans jamais me retourner sur ce que ces interactions m'apportaient. Oui je vis une histoire d'amour faite de bons restos, de voyage et de plaisir, sans jamais vraiment me poser la question de la profondeur de notre relation. Alors je ne sais pas si je crois en Jésus le Christ, en Dieu et en la Vierge Marie, mais je crois que j'ai quand même besoin d'eux pour pratiquer une forme de spiritualité. Et je crois que c'est ainsi que je pourrai creuser au plus profond de moi-même, seul lieu où je l'espère, on peut trouver le bonheur.

Mercredi 14 septembre 2022

On est à 8 jours du PET scan de contrôle. Lucie reprend le travail ce lundi et je l'appelle pour connaître son état d'esprit avant cette reprise très attendue. Elle me dit que ça va, qu'elle n'appréhende pas trop, plutôt contente de reprendre. Un peu stressée peut-être, mais elle n'en laisse rien paraître. On ne parle pas du PET scan, mais elle me raconte qu'elle est allée à un groupe de sport organisé pour de jeunes patients qui ont été atteints de cancer. Elle y a rencontré une jeune femme atteinte d'un lymphome de Hodgkin l'année dernière. Après un traitement intensif de six mois et une rémission complète, son PET scan de contrôle à un an a révélé un nouveau lymphome, un peu plus agressif que le précédent. On partage cette information et je lui dis le plus laconiquement possible que ces rencontres entre malades ne sont pas toujours une réussite, même parfois de fausses bonnes idées. Elle acquiesce et on passe à autre chose, à la bonne soirée qu'elle va passer avec des copines et à sa journée de demain.

Dans le même esprit, nous avions évité avec Isabelle d'adhérer à une association de parents d'enfants atteints de sclérose tubéreuse de Bourneville, la maladie de notre fils. Vingt ans après, après toutes les étapes de progression de Paul Rémi, son recrutement récent en CDI dans une entreprise lyonnaise et sa future installation dans un appartement, nous n'avons jamais regretté ce choix.

Le lendemain de cette discussion avec Lucie, je suis dans un jury de soutenance de master 2 de santé publique, mon travail habituel d'enseignant à la faculté de médecine. Les candidats se succèdent sur des sujets aussi variés que « Les appels au SAMU des patients atteints de cancer », « Le consentement à la recherche en salle d'accouchement », « L'évaluation d'un nouveau pansement occlusif en orthopédie » jusqu'à un brillant interne de cancérologie qui nous présente le sujet suivant : « Rechallenge d'immunothérapie après l'apparition d'effets secondaires graves ». Certes il évoque avec enthousiasme les indéniables progrès que ces traitements d'immunothérapie apportent dans la maladie cancéreuse et le prix Nobel de Médecine obtenu par les découvreurs de ces molécules. Mais il évoque aussi, dans une longue et fastidieuse litanie, tous les effets secondaires, dont certains très graves, voire mortels, que ce traitement occasionne chez 20 % des patients traités.

Lucie a reçu plusieurs cures de ce traitement d'immunothérapie et je vis comme un chemin de croix chacune des diapositives qui énumère ces effets, leur fréquence et leur taux de mortalité. Je serre un peu les dents, je regarde les lunettes du candidat plutôt que ses diapositives et on passe à la méthodologie de sa recherche et la discussion qui s'ensuit. L'idée du travail est que quand un patient a subi un effet secondaire grave du traitement par immunothérapie, on interrompt le traitement en attendant que les effets s'estompent. Mais un certain nombre d'équipes de cancérologie dans le monde tentent d'administrer le traitement pour ne pas perdre la chance d'un nouvel effet thérapeutique, extrêmement puissant selon eux. C'est ce que l'interne a appelé le « Rechallenge » dans le titre de sa recherche. Au-delà de l'idée que le patient ou la jeune patiente peut à nouveau souffrir du même effet secondaire à la réadministration, pensée qui m'est très pénible, je réalise le sens de ce mot rechallenge. Je fais remarquer à l'interne que ce mot peut être mal perçu par les patients. Challenger a un sens de défi, de jeu, de pari qui se prête mal à la volonté des patients de se voir proposer des traitements efficaces et sûrs. Rechallenge veut même dire que c'est la deuxième fois que l'on joue, que l'on retente un pari risqué dont l'enjeu est la survie du patient. L'interne me répond avec aplomb que oui, c'est bien ce que l'on fait, un pari sur le fait que le patient va bénéficier du traitement en espérant qu'il n'en souffre pas trop et même qu'il en réchappe. Je me raccroche à la sémantique, à la psychologie de l'annonce si souvent brandie dans la pratique de la cancérologie moderne. Je voudrais tellement qu'il retire ce mot, le remplace par « réadministration prudente » ou « deuxième tentative contrôlée de traitement », mais c'est peine perdue. Il restera campé sur cette position, probablement partagée par l'ensemble de son équipe, y compris sa chef de service que je connais bien et dont je sais l'assurance tranquille d'une jeune et brillante professeure d'université.

Cette discussion paraît futile, mais elle prend tout son sens si le PET scan de contrôle de Lucie révèle une masse, même résiduelle, de tissu lymphomateux. Il faudra alors redémarrer le traitement immunothérapique, « rechallenger », réinterrompre l'activité professionnelle, replonger la famille et les amis dans la « redéflagration » d'une maladie grave qui persiste et devient chronique.

Je prie, eh oui ! je prie pour que cela n'arrive pas. Je médite, je répète cette pensée, cette évocation conjuratoire, cette idée projetée sur un avenir sans accroc ni peine. C'est bien de la prière, une abstraction de la réalité vers un futur imaginé heureux et bien arrangé. Comme le dit Maurice Chapelan, artiste et écrivain : « Si Dieu n'existe pas, les hommes ont besoin d'y croire. S'il existe, il finira par tout arranger ». Je vais accompagner Lucie lundi prochain à son PET scan de contrôle.

Jeudi 29 septembre 2022

Nous sommes le jeudi 29 septembre. C'est aujourd'hui que nous devons avoir le résultat du PET scan. Celui qui donne le ton des années à venir : ciel bleu ou brumes et brouillard. Je suis dans le TGV pour Paris. J'envoie un SMS à Lucie « Appelle-moi quand tu veux ! ». J'ai une journée dense, mais je peux me libérer à n'importe quel moment. Ce matin, je suis aux États Généraux de la Recherche et de l'Enseignement en Médecine dans le grand amphithéâtre de la faculté de médecine Paris Sorbonne. L'après-midi, je vais conduire des entretiens avec des toxicomanes dans le cadre de notre travail d'évaluation du Plan Crack de l'Agence Régionale de Santé et de la Ville de Paris. Le soir, je suis invité à une réception dans les luxueux salons du Sénat au Palais du Luxembourg. Ce planning un peu hétérodoxe, minuté et volontairement chargé est sûrement le meilleur anxiolytique que je puisse installer pour cette journée d'attente.

Nous savons avec Isabelle, tendre épouse, que c'est une étape, un point de rendez-vous entre la maladie, Lucie et notre petite famille. Je vais y penser, oublier puis y repenser encore et rien ne pourra me rassurer tant que le téléphone n'aura pas sonné. Je n'attends pas de victoire définitive ni de récidive dramatique, j'attends une rémission sobre et élégante. Un succès thérapeutique qui nous remplira d'aise, mais qui nous laissera aussi dans la perspective encore anxieuse des prochains rendez-vous. Ces visites et ces imageries de contrôle à 4 mois, 8 mois, un an, deux ans qui seront autant de moments de tension intrafamiliale. On sait maintenant que, comme le dit Lucie, « Rien ne sera plus comme avant. » La vie sera moins légère pour Lucie, pour Paul, pour Isabelle et notre petit cercle. Elle sera teintée de cette expérience, celle de frôler la mort, celle d'avoir envisagé la possibilité d'une fin pour un être si cher.

Comment expliquer cette irruption de la maladie ? Faut-il vraiment l'expliquer ? Est-ce que l'ensemble des événements de vie ont une cause ? Est-ce que l'on peut empêcher ces événements de survenir ? Avons-nous les moyens, la connaissance, les compétences pour empêcher la survenue d'un lymphome chez une jeune femme de cet âge ? Réexaminer 25 ans de vie, chaque instant, chaque exposition à des risques, chaque période de calme ou de danger depuis la construction in utero de cet être vivant jusqu'à la maturité de cette femme accomplie. J'ai la même impression de manque de savoir que lorsque j'ai appris que, sur les 6352 km qui vont de la surface jusqu'au centre de la Terre, nous ne connaissions bien que les 13 premiers kilomètres. Grâce à un énorme forage réalisé par des chercheurs allemands. Rapporté à la taille d'une pêche, cela veut dire que l'on ne connaît bien que l'épaisseur de la peau. Tout le reste de la connaissance repose sur des hypothèses, des modélisations et encore beaucoup d'incertitudes. On a vu récemment que l'on ne savait ni prévoir ni a fortiori empêcher une éruption volcanique déclenchant un tsunami responsable de plus de 230 000 victimes dans l'Océan Indien. On est à peu près dans le même état de méconnaissance pour prédire ou empêcher la survenue d'un lymphome chez la jeune femme. Un vaccin contre le virus HPV (Human Papillomavirus) est efficace pour éviter la survenue du cancer du col de l'utérus chez la femme adulte. Rien de tout cela n'existe pour le lymphome même si les traitements ont fait d'incroyables progrès. Cherchons, continuons à chercher, c'est le moins que l'on puisse faire.

Dernière étape de ce marathon, la dernière consultation avec le Pr G. J'ai passé mon dernier PET scan lundi et j'ai rendez-vous aujourd'hui pour le rendu des résultats. Je ne suis pas stressée. Je suis même assez sereine. Je reçois des messages pour me donner du courage de Maman, Papa, la mère de Paul. Tous ces messages sont chargés d'une angoisse palpable, qui contraste avec mon propre état d'esprit. Je commence à me demander si je ne devrais pas stresser un peu plus.

Il est vrai que ce résultat définira ma vie ces prochains mois. Mais je n'arrive pas à stresser pour autant, comme si je sentais au fond de moi que tout irait bien. Comme si je percevais à l'intérieur de moi, ce qui n'est pas visible à l'œil nu, ce qu'on ne voit qu'avec l'imagerie, comme si je sentais que tout était en ordre. Je me rends donc à la consultation avec Paul qui a pu se libérer. Le Pr G. nous reçoit, pas dans le même box de consultation que d'habitude. Je vois ça comme un signe, le début d'une nouvelle ère. Il me demande comment je vais. « Très bien ». Il a presque l'air étonné. Il en vient donc rapidement aux résultats du PET scan. Ils sont parfaits. Plus de masse. Plus une trace. Plus une ombre. Il est ravi de ce succès, nous le sommes évidemment aussi. C'est là que Paul pose LA question à ne pas poser : quels risques de récidive ? La question étant lancée, le Pr G. n'a d'autre choix que d'y répondre. Environ 10 % et surtout dans les deux premières années. Dix pour cent, cela me semble énorme. J'avais une chance sur des milliers d'attraper un lymphome et maintenant j'ai une chance sur 10 de rechuter. Je maudis Paul d'avoir posé la question, j'aurais préféré rester dans l'ignorance de ce risque, même si je sais évidemment qu'il existe. J'aurais préféré rester dans la naïveté, l'insouciance. Le Pr G. évoque ensuite la suite de mon parcours : un suivi tous les 4 mois initialement puis tous les 6 mois puis tous les ans, pour une durée totale de 5 ans. Il me présente également Patricia, ma nouvelle infirmière référente. L'infirmière du post-cancer. C'est avec un petit pincement au cœur que je dis au revoir à Anne-Sophie, qui est passée me saluer... Mais c'est quand même avec bonheur que j'accueille Patricia dans ma vie, ma nouvelle vie de survivante, de rescapée ! Elle assurera mon suivi conjointement avec le Pr G. Nous concluons donc cette consultation, nous remercions chaleureusement le Pr G. et Anne-Sophie.

Nous sortons donc avec Paul, qui est surexcité. Il veut qu'on prenne une photo tous les deux devant le bâtiment pour garder un souvenir de cette victoire. Je trouve l'idée un peu ridicule au départ, je n'ai pas super envie, se prendre en photo devant l'hôpital, on a vu plus fun. Mais je sens que ça lui tient à cœur, j'accepte alors de taper la pose devant le bâtiment Marcel Bérard.

Jeudi 29 septembre 2022 13 h 08

SMS de Lucie avec un selfie pris devant le pavillon Marcel Bérard, service d'hématologie du Centre Hospitalier Lyon Sud :

« Rémission complète, c'est officiel. Ciao Marcel ! »

Ça y est ! EURÊKA ! RÉMISSION ! RÉMISSION COMPLÈTE ! La nouvelle se propage comme une ondulation bienfaisante sur la surface de nos mers familiales et amicales. Le premier cercle, la famille, les Blanchard, les Colin, explosion de joie. « Une joie indicible », écrit Isabelle dans un message adressé à la famille puis aux amis proches. Le deuxième cercle est gagné rapidement par WhatsApp et les réactions, nombreuses, sont à la hauteur de notre joie : « Bravo Lucie la guerrière ! », « Quelle joie, quelle belle nouvelle ! », « Merci de partager avec nous cette si belle nouvelle », « Bravo à Lucie et vous parents pour votre courage, votre optimisme dans le combat ! », « La médecine est une science formidable. Quelle joie de lire ce message ! ». Le partage des grandes joies est bien aussi important que celui des grandes peines. Les rites religieux autour des cérémonies de baptême, de mariage ou d'enterrement le savent depuis longtemps.

Durer

On va vers le meilleur, on espère juste le bonheur
Quelle illusion de rêver la longueur d'une vie
Que de raisons de penser que les jours et les heures
Peuvent nourrir la douce langueur de notre cœur étourdi

Je redescends de toute cette joie pour m'interroger sur les résultats du PET scan. Un tel résultat est-il suffisamment fiable pour que l'on se permette ce type de réaction collective ? Il a été revu par le médecin nucléaire, par l'hématologue, probablement aussi par cette nouvelle façon de faire la médecine, les réunions de concertation pluridisciplinaire (RCP) ou l'ensemble des praticiens concernés par un cas grave se réunissent pour prendre les meilleures décisions. L'image est reine dans ce processus. Même si n'importe quelle erreur peut s'immiscer dans ce processus complexe de l'imagerie, on ne peut s'empêcher de croire et d'avoir envie de croire à ce très bon résultat. Des chercheurs de Boston (Harvard) ont objectivé que sur des gestes aussi simples que placer de manière répétitive des objets ronds, carrés ou triangulaires dans des espaces adaptés, il y avait 1,4 % d'erreurs. Qu'en est-il des processus plus complexes ? Est-ce que la réalisation d'un examen d'imagerie est un processus simple ou complexe ? L'erreur est possible sur l'identité du patient, sur le choix du produit à injecter, sa préparation, son administration, son entrée dans l'organisme par les veines puis le passage dans le cœur, les reins, la vessie… Et enfin la visualisation des images, leur affichage sur un écran, l'interprétation par un médecin de médecine nucléaire puis par l'hématologue. La succession de toutes ces étapes laisse une impression de grande insécurité sur leur réalisation optimale. Mais l'automatisation et l'expérience des équipes conduisent à la performance, sans compter toutes les démarches d'amélioration de la qualité et de certification mises en place dans les hôpitaux depuis plus de vingt ans. Si je relis ces lignes, je me rends bien compte qu'à nouveau, je cherche à me rassurer dans un contexte, celui de l'hôpital, et dans une période, celle du doute scientifique, qui produit pas mal d'anxiété pour nous autres petits humains.

Quelque chose me dit que les bons moments que nous venons de passer après cette annonce ont été d'autant plus forts qu'ils ont été partagés. Je dois remercier mon épouse Isabelle qui a cette faculté depuis longtemps d'exprimer sans filtre ses intuitions, ses ressentis et aussi ses ressentiments. Elle a pu exprimer, partager ses réactions et ses impressions dans notre cercle familial, mais aussi dans ces incroyables repas entre copines qu'elles organisent régulièrement. Je les trouve incroyables ces repas. Je suis impressionné par cette capacité qu'ont les femmes de parler entre elles, de partager à plusieurs leurs soucis, leurs doutes, leurs joies et leurs peines. De poser leurs questions de tous les jours et de trouver les solutions adaptées. Nous sommes, nous les hommes, bien moins doués pour cela, plus habitués à partager ensemble nos réussites et seulement celles-ci. Beaucoup moins enclins à partager nos peines et nos échecs, et beaucoup moins bavards sur nos difficultés à résoudre des problèmes de tous les jours. L'une de nos amies, Pascale J, avait déniché un article scientifique qui objectivait de manière méthodologiquement rigoureuse comment ces échanges entre femmes avaient un vrai pouvoir antidépresseur et une réelle efficacité pour affronter les difficultés de la vie quotidienne, de la vie conjugale et de la vie de mère de famille. Depuis que je les vois faire, j'ai eu l'envie de faire de même avec les amis masculins de notre groupe. Nous avons tout de suite échangé avec eux sur la maladie de Lucie et sur la peine que cela nous procurait. Je pense à tous les moments de partage que nous avons eus dès l'annonce de la maladie de Lucie. Ces temps d'émotion collective avec les amis puis avec certains collègues de travail ont été le plus souvent des respirations, des espaces de soulagement plus qu'appréciables. Après l'annonce de la rémission complète, chaque SMS, chaque message WhatsApp de réconfort et de joie partagée ont été autant de particules de bien-être sur nos psychismes endoloris.

Je n'envoie pas vraiment de messages pour annoncer la nouvelle, à ma famille évidemment, mais c'est tout. Mais les autres s'en chargent pour moi... Les parents diffusent l'info et notre photo à tout leur entourage. Paul fait une publication Facebook et Instagram, il inonde les réseaux sociaux de cette nouvelle ! Alors je reçois brutalement des dizaines de messages. Tout le monde salue mon courage dans l'épreuve. Je ne vois pas de quel courage ils parlent. Je ne pense pas avoir vraiment fait preuve de courage. Dans le Larousse, le courage est défini comme « le fait de ne pas avoir peur, la force devant le danger ou la souffrance, le fait d'agir malgré les difficultés ». Évidemment que j'ai eu peur. Peur de la maladie. Peur de la mort. Évidemment que j'ai été faible, que j'ai craqué, que j'ai pleuré face au danger qui menaçait ma vie, face à la souffrance que je vivais. Non, je n'ai pas agi, j'ai subi. Je me suis retrouvée coincée dans cette vie de merde et je me suis juste pliée aux ordres des médecins pour essayer d'en sortir. Je ne vois pas ce qu'il y a de courageux à cela.

Une vague d'émotions me déferle dessus. Tout le monde est si heureux, si ému. J'appelle Maman le soir qui est en pleurs. Paul-Rémi me dira après un brin saoulé, qu'elle « avait passé l'après-midi à chialer... » Les gens sont euphoriques, ont envie de fêter, on prévoit un apéro champagne dès le lendemain. Je me sens en total décalage par rapport à tout cela. Cette nouvelle me laisse presque de marbre. Elle me semble normale. Quoi d'exceptionnel à être en bonne santé ? Je me surprends à penser ça au vu des derniers mois que je viens de passer... J'accepte tout de même avec plaisir les coupes de champagne qu'on me tend, je ne veux pas jouer les rabat-joie. D'autant plus que, s'il y a bien une chose que j'ai apprise cette année, c'est qu'il faut profiter de la vie. La vie, ce qu'on prend comme acquis, mais qui est en fait une chance. Mon Papy a récemment écrit un poème (oui nous sommes vraiment une famille de littéraires) où il commence en disant que « Dieu ne nous donne pas la vie, il nous la prête ». Il a tellement raison. C'est un cadeau qu'on nous met entre les mains dans l'espoir qu'on en prenne soin. Un cadeau que l'on peut nous retirer à chaque instant. Et dont il faut profiter à chaque seconde. Se délecter de chaque moment, de chaque regard, de chaque geste échangé, de chaque relation tissée, du moindre rayon de soleil, de tout éclat de rire. La savourer cette vie, la croquer à pleine dent.

Les gens se réjouissent aussi que je sois arrivée à la fin du parcours. Et c'est peut-être pour ça que je me sens en décalage. Parce que pour moi ce n'est pas la fin, mais le début. Le début d'une nouvelle ère, d'une nouvelle vie. Rien n'a vraiment changé, ma famille est toujours là, je retourne au travail avec les mêmes collègues, je sors avec les mêmes amis. Et pourtant en moi tout est différent. Ces derniers mois auront forgé la personne que je suis. Je ne peux plus appréhender les choses de la même manière, je ne peux plus envisager ma vie comme je la voyais avant. Mais la question est finalement de savoir ce que je vais faire de cette expérience. Qu'est-ce qu'elle va changer dans ma manière d'être ? Je ressens comme un besoin de me redéfinir, de me réinventer à l'aube de ce que j'ai vécu. Et tout ça ne se fera évidemment pas en un jour, ce sera le fruit d'un long parcours, qui ne fait que commencer...

Postface

Quelques mois après la fin de l'écriture, à l'heure des dernières relectures avant la publication, c'est autour d'un simple dîner d'été que Papa me fait part de ses doutes sur la fin de notre manuscrit. Il semble embêté, ce n'est pas la fin à laquelle il s'attendait. Il trouve mes mots forts, il trouve mes mots durs. Je le sens comme frustré, je crois qu'il aurait souhaité une « happy end ». Un « tout est bien qui finit bien ». Il aurait aimé que je vous dise que mes cheveux repoussent et qu'il trouve que ma coupe courte me va si bien. Il aurait aimé que je vous dise que j'ai fièrement revêtu ma blouse blanche et mon stéthoscope. Il aurait aimé que je vous dise que je ne prends plus du tout de médicament, que mes analyses sanguines sont revenues à la normale, que je suis à nouveau immunocompétente. Il aurait aimé que je vous dise que je peux à nouveau me doucher et me baigner sans me soucier d'un cathéter à protéger. Il aurait aimé que je vous dise que ma vie est à nouveau rythmée par mon travail, mes loisirs, mes amis et ma famille, et plus par des rendez-vous médicaux beaucoup trop réguliers.

Et pourtant, je me dois de lui dire que je vois CANCER écrit en lettres majuscules sur mon front à chaque fois que je regarde mes cheveux courts dans le miroir. Je me dois de lui dire que j'ai perdu toute confiance en moi dans mon travail et que j'ai l'impression d'être la plus nulle des internes. Je me dois de lui dire les conséquences de cette épreuve sur ma vie, sur mon couple. Je me dois de lui dire l'angoisse tenace de ne pas pouvoir avoir d'enfant. Je me dois de lui dire la fatigue harassante, la peur de la rechute, l'insouciance perdue. Je me dois de lui dire, mais je ne lui dis pas.

Il y a quelques semaines, j'ai témoigné face à des soignants de l'hôpital à une formation pour les sensibiliser à la prise en charge des adolescents et jeunes adultes atteints de cancer. On m'a posé une question : « Qu'est-ce qui a été le plus dur ? ». Un peu déstabilisée, j'ai répondu le post-cancer. Ce moment où il faut retourner à la vie. Cette vie qu'on a mise sur « off » du jour au lendemain, mais qui est si difficile à remettre sur « on ». Mais après y avoir réfléchi les jours suivants, je pense que le plus dur a été de communiquer avec mes proches. Comment leur dire que je vais mal alors que je les sens déjà tellement accablés par l'épreuve, par la peur de me perdre ? J'ai l'impression que ces mois ont été faits de « ça va » plus ou moins hypocrites. Des « ça va » pour essayer de nous rassurer mutuellement, nous convaincre que ça va aller, pour essayer d'atténuer nos peines. Le simple fait que Papa me dise avoir été déçu par la fin, qu'il aurait probablement pensée plus heureuse, me fait monter les larmes aux yeux. Je n'arrive pas et je n'ai jamais réussi à accueillir leur peine. Il était trop dur pour moi de supporter d'être à l'origine de tant de souffrance. Je préférais opter pour de longs silences chargés d'émotion plutôt que de verbaliser avec eux ce qu'on était en train de vivre. Alors ce projet d'écriture aura été salvateur, je crois. Incapables de partager nos émotions de vive voix, nous les avons couchées sur le papier. Ce livre aura été un moyen de communiquer.

Alors oui Papa, je te le dis, je suis bien en vie, je vais mieux, je savoure chaque minute que la vie m'offre après avoir connu l'épreuve. Mais pas de « happy end », ne t'en déplaise. Pas encore du moins. Mais ne t'inquiète pas Papa, ça ira, laisse-moi du temps.

Remerciements

Merci Maman, merci Papa, merci d'avoir été là comme vous l'avez toujours été depuis toujours. Pardon de vous avoir causé tant d'inquiétude. Vous avez une fois de plus fait preuve d'un courage immense face à l'épreuve. Merci d'avoir respecté mon intimité et ma liberté pendant ces longs mois où vous m'auriez préférée sous votre toit. Je vous aime !

Merci à Eugénie, ma sœur, et à Paul-Rémi, mon frère. Merci de votre optimisme, de vos petites attentions, et de m'avoir transmis la force du dragon !

Merci Papy pour tes délicates pensées et pour tes poèmes empreints d'émotion. Une pensée pour Mamie qui, de là-haut, m'a envoyé la force pour me battre.

Merci Paul, mon pilier, mon roc pendant ces longs mois. Tu m'as fait rire alors que je me faisais raser la tête, tu m'as fait pleurer alors que je gardais toutes mes émotions pour moi, tu as su garder confiance et sang-froid alors qu'un tsunami dévastait nos vies. Merci d'être toi, merci d'avoir été là <3.

Merci à l'ensemble de l'équipe médicale et paramédicale du service d'Hématologie de l'Hôpital Lyon Sud, merci pour vos soins appliqués et pleins d'humanité et de bienveillance. Merci au Professeur G pour sa grande expertise. Une pensée particulière pour Anne-Sophie, merci de m'avoir suivie tout au long de ce parcours, merci pour ta gentillesse, ta disponibilité (et désolée pour mes trop nombreux appels angoissés), merci d'avoir pris le temps de parler d'autre chose que de la maladie quand tu me rendais visite. Une pensée également pour Lola et ses doigts de fée, tes séances de réflexologie plantaire m'ont énormément apaisée.

Merci à vous tous, mes amis, ma famille, mes collègues, vous qui vous êtes mobilisés de près ou de loin à mes côtés. Vous qui m'avez adressé ces vidéos de soutien pleines d'amour et de réconfort, vous qui m'avez gâtée, vous qui m'avez rendu visite, vous qui vous êtes extasiés sur mes premières réalisations couture, vous qui m'avez accompagnée dans mes exploits sportifs (course Courir pour elles). Cette épreuve m'aura appris que j'ai une chance infinie d'être si bien entourée. Je repars dans la vie riche de toutes ces belles amitiés !

Merci à ma famille, Jean-Victor, Xavier, Florine, Esther, Armelle, Yves, Hubert, Zabeth, Pierre, Eliane, Mylène, Bernard, Adèle, Théo, Charlotte, Clémence, Damien, Véronique, Robin, Samuel, ma marraine Sophie, mon parrain Philippe. Merci également à la famille de Paul : Catherine, Bruno, Henri, Sigrid, Charles, Lucie, Edouard, merci pour l'affection que vous m'avez apportée.

Merci à Clothilde, Camille, Marie, Mathieu, Romane, Doudou, Amélie, Nicolas, Charb, Benoit, Loïc, Julie, Charlotte, Gentiane, Manon, Lélia, Ali, Morgane, Corentin, Julien, Blanche, Margaux, Sandya, Chloé, Clémence, Auriane, Bertille, Sofiane, Emma, Iman, Coline, Octavia, Pauline, Justine, Quentin, Nadia, Charlotte, Yoann.

Merci à ma super team de co-internes Tom, Audeline, Aude, Gabriella, Josseline, Eloïse, Coralie pour votre samba endiablée dans les couloirs de l'HFME.

Merci également aux amis des parents, merci du soutien que vous leur avez apporté : merci aux Bossard, aux Peyras, aux Magnet, et à tous leurs amis du groupe Michelet.

Je vous revaudrai ça, promis… ;)

Dans une véranda fouettée par la pluie de Saint Malo, je tente une réponse à ces mots si forts et si vrais de Lucie. Je la remercie d'abord, vigoureusement et chaleureusement, de nous avoir épargnés, Isabelle et moi, de nous avoir permis de passer cette épreuve sans le traumatisme de sa souffrance quotidienne, avec au contraire l'exemple de son courage et de sa ténacité. Je la remercie aussi pour ces mots, couchés sur le papier pour l'éternité et qui nous auront permis de communiquer parfois avec douceur, parfois avec rudesse, mais toujours avec ce sentiment fort qui nous unit.

Je voudrais aussi remercier très sincèrement toutes celles et tous ceux qui nous ont permis de vivre ces moments sans trop de douleurs ajoutées, ni trop de crainte et de pessimisme. Isabelle, Eugénie et Paul Rémi, femme aimée et enfants adorés qui ont été là, soutenants et forts à chaque instant. Mes frères et sœurs, toujours présents dans les moments importants. Denis et Nadine Bossard, Philippe et Véronique Peyras, Marc et Catherine Magnet, amis de toujours, amis pour toujours.

Et les acteurs essentiels de la prise en charge de Lucie : Vincent Cottin, Antoine Duclos, Isabelle Durieu, Hervé Guesquières, Norbert Nighoghossian, Catherine Rioufol, Christine Rousset Jablonski, François Tronc, tous bienveillants, rassurants et si efficaces dans leurs conseils, leurs décisions et leur professionnalisme.

Et toute la famille, les collègues et tous les amis du groupe Michelet déjà cités par Lucie auxquels j'adresse mes profonds et éternels remerciements.

Un remerciement spécial et chaleureux pour Gilles Rodes, Doyen de la faculté de Médecine Lyon Est qui nous a fait l'amitié de rédiger cette très belle préface. Et un grand merci à Claire Fiume Lachaud et Norbert Nighoghossian pour leur relecture attentive du manuscrit et leurs conseils avisés.

Imprimé en Allemagne
Achevé d'imprimer en septembre 2023
Dépôt légal : septembre 2023

Pour

Le Lys Bleu Éditions
40, rue du Louvre
75001 Paris

www.ingramcontent.com/pod-product-compliance
Lightning Source LLC
La Vergne TN
LVHW010548160826
845677LV00013B/3048

* 9 7 9 1 0 4 2 2 0 6 5 3 6 *